AF371282

CORRESPONDANCE AVEC UN AMI

PENDANT LA GUERRE

RENÉ PHILIPON

P.-J. TOULET

CORRESPONDANCE

AVEC

UN AMI

PENDANT LA GUERRE

Avec deux portraits inédits par G.-C. DE SWIECINSKI

PARIS

LE DIVAN

37, Rue Bonaparte, 37

MCMXXII

IL A ÉTÉ TIRÉ QUARANTE-CINQ EXEMPLAIRES SUR PAPIER DE HOLLANDE

VAN GELDER

PRÉFACE DE L'ÉDITEUR

Dès le lendemain de la mort de P.-J. Toulet, ses amis, qui connaissaient bien le tour inimitable de ses lettres et de ses moindres billets, en ont réclamé la publication.

En attendant de pouvoir exaucer un désir qui est le mien et de leur donner un choix plus complet, j'apporte à l'impatience des lecteurs des *Contrerimes* quelques lettres des dernières années de Toulet.

La correspondance que l'on va lire ici présente la curieuse particularité d'avoir été échangée par deux hommes qui ne se connaissaient pas et ne se sont jamais vus. Au début, ils ignorent tout l'un de l'autre. Aussi, sous ces dehors de politesse qui sont la fleur de la civilisation, nous les voyons pour ainsi dire se flairer et, au travers de leurs demi-confidences et de la révélation de leurs goûts, se palper à distance comme avec d'invisibles antennes. Très vite ils se sont reconnus pour des esprits délicats, avertis l'un et l'autre de toutes les manifestations de l'art et de la pensée.

Déjà ils se plaisent à converser ensemble. Un mot attire une explication, sollicite un renseignement plus intime : plus de doute, leur esprit n'est pas seul de même race, ils ont une sensibilité identique, ils se sentent de la même famille. Les cœurs ne se sont ouverts qu'à bon escient, l'amitié naît. Et une affection très vive les unit, quand ils forment le vœu de se voir très prochainement et bâtissent des projets que renverse la mort inopinée de l'un d'eux.

S'il m'appartient aujourd'hui de présenter ces lettres au public restreint pour qui nous les publions, c'est que j'ai été en quelque sorte la cause de leur éclosion. A force d'instances pressantes j'avais obtenu de Paul-Jean Toulet de réunir en un volume des éditions du Divan, trois contes qu'il laissait dormir dans les revues où il les avait publiés de longues années auparavant. Longtemps il lui répugna de donner quoi que ce soit pendant que ses compatriotes s'exposaient à la mort. Et nous allons trouver ici comme un écho à ces hésitations : « Je ne sais... s'il ne vaudra pas mieux attendre la paix, d'autant plus que je me suis opposé longtemps à publier quoi que ce fût pendant la guerre. D'autre part, quand on n'est pas en état de se battre, peut-être rendrait-on plus de services, en travaillant à distraire un peu les pauvres gens, au lieu qu'on les laissât se manger le cœur. »

Toulet avait enfin cédé, et Comme une Fantaisie *parut au début de 1918.*

Un amateur distingué, M. René Philipon, feuillette par hasard ce livre en librairie. Il l'achète sitôt qu'en dix lignes hâtivement parcourues il y eût reconnu la marque d'un écrivain d'une rare lignée. Puis, quand, chez lui, il a pu prendre plus à loisir connaissance de son acquisition, il s'éprend de l'auteur et, désirant connaître toutes ses autres œuvres, lui écrit. Toulet fut flatté de ces compliments dont la délicate adresse ne masquait pas la sincérité. Il n'en fallait pas plus pour le distraire dans sa solitude. Aussi répondit-il avec quelque complaisance, et, du coup, voilà les interlocuteurs aux prises.

On était alors aux jours les plus sombres de la guerre, et, dans cette correspondance commencée sous des auspices uniquement littéraires et qui traite surtout de questions artistiques, nous en voyons paraître sur plus d'une page le rouge reflet. Mais nous sentons aussi partout la pudeur de n'en rien dire ou presque. Ces deux hommes constamment ne veulent trouver dans leurs entretiens qu'un délassement, une douce distraction de l'âme.

Direz-vous qu'ils oubliaient égoïstement la tourmente qui sévissait autour d'eux ? Ce serait à la fois singulièrement méconnaître le cœur de ces deux Français et bien mal interpréter les cris qui souvent leur échappent. Quand Toulet affirme : « Ce mélange de mauvais temps et de mauvaise politique me détraque les nerfs », ceux qui l'ont connu le retrouvent tout entier, angoissé et nerveux, durant ces longs mois qui s'écoulèrent de la signature de l'armistice à celle du désastreux traité de Versailles.

Nous reconnaissons encore un peu partout ses idées personnelles sur la peinture, l'architecture. Et s'il parle « du génie français, le premier du monde en sculpture », tenez pour certain qu'il aurait tout aussi naturellement accordé la suprématie au génie français dans tous les autres arts.

Du reste, au cours de ces pages, Toulet se livre tout entier. Il s'y peint à vif. On verra, à les lire, comment il savait réclamer de ses amis mille petits services. Il veut de ces livres d'aventure qu'il peut lire sans fatigue, particulièrement des *romans anglais ou les œuvres de Paul Féval qu'il affectionne tout particulièrement :* « Féval est un type dans mon genre. Il méprise tous les étrangers. O marchande de légumes athéniens, tu dois être une grand'tante à moi ! » *Il lui faut encore des catalogues et documents artistiques de toutes sortes, et surtout cette* Gazette des Beaux-Arts *dont il avait toujours un tome à portée de sa main.*

Durant plus de trois ans, il poursuit l'achat des livraisons qui lui manquent, et recherche inlassablement ces « quarante volumes sur les seuls sujets qui m'intéressent aujourd'hui. » *Mais il ne récolte que des échecs et il exhale ses déceptions :* « Votre lettre m'a rendu malade ; c'est la seconde déception de l'année, causée chaque fois par l'envoi d'un catalogue dont les livres étaient déjà vendus. » *Et il ajoute encore en quelque autre endroit :* « Cette affaire de Gazettes des Beaux-Arts m'a achevé. » *Ecoutez-le encore reprendre son même refrain et nous confier une fois de plus son cher espoir fragile :* « Cette affaire de *Gazettes* d'une part, la fièvre de l'autre, vous allez me croire un peu fou. Le fait est que j'en suis comme un hanneton dans l'étoupe, et qu'un four me désespèrerait. Ces vingt années, quarante volumes, sur les choses qui m'intéressent

le plus, c'est de la lecture, c'est-à-dire du bonheur
pour six mois. » *Et dites si ce ne sont pas là les
accents mêmes des doléances de Stendhal sur la
fin de sa vie à Civita-Vecchia ?*

Ces bienheureuses Gazettes *lui parvinrent enfin,
mais Toulet mourait six mois après. Avait-il
épuisé déjà sa part de bonheur ?*

Précisément c'est à propos de ces Gazettes des
Beaux-Arts *que nous surprenons sur le fait son
injustice passionnée, quand il bâtit de toutes
pièces cette histoire fantaisiste de vente aux Allemands par l'intermédiaire de la Suisse. S'il
n'avait tenu qu'à lui, son bouquiniste eût été traduit en conseil de guerre.*

*Voyons-le charger ensuite de la même hargne
la censure qui retarde les lettres qu'il attend, les
libraires qui n'ont plus les ouvrages qu'il désire,
les marchands d'estampes qui ne lui répondent
pas, et surtout ces éditeurs dont il faut bien
avouer qu'il eut à se plaindre justement toute sa
vie et qui hélas ! même après sa mort ne le trai-
tèrent pas toujours mieux.*

*Partout aussi transparaît son enfantine puis-
sance d'illusion, et la ténacité têtue de ses moindres caprices. Lui-même était, sa fièvre tombée,*

le premier à en rire avec vous : « Quand j'ai envie de quelque chose — et je ne suis pas créole pour rien — le désir anéantit toute autre chose autour de l'objet aimé — outre que l'impatience d'une réalisation rapide prend la forme d'un accès. Bref, j'appartiens à cette espèce de gens qui mettent le feu à une ville pour allumer leur cigarette. D'autre part, étant, à ce que prétendait le citoyen Bracke, le type le plus réussi de la corruption byzantine, mon désir se nourrit de soi-même et meurt platoniquement. »

Puis Toulet, dans ses lettres, et ce ne sera point là leur moindre attrait, se laisse aller à nous entretenir de ses propres livres : « Au fond je suis enchanté de cette disparition *(celle du mariage de don Quichotte)*, car je l'ai en exécration, comme d'ailleurs presque tout ce que j'ai fait. La conception de *monsieur du Paur* n'était pas sans valeur, mais je l'ai gâchée. Nous ne parlerons pas des *tendres Ménages*, ni donc du *mariage de don Quichotte*, ni de mon rôle dans cette traduction mal écrite *(le grand dieu Pan)*. Reste les personnages de *mon amie Nane* et leurs nuances (soit un tiers de livre). Reste les *Ombres chinoises* (moins les *Magots*) pour lesquelles j'ai beaucoup de goût, et quelque 8 ou dix pages de la *Princesse de Colchide.*

Reste enfin un volume de vers et un de maximes. »

Après sa pensée aussi nue sur ses romans, voici son jugement non moins sévère sur ses vers : « Je trouverai bien un exemplaire pour quelqu'un qui trouve plus de saveur aux quatrains que dans les *Contrerimes*, quoiqu'on aime mieux celles-ci, en général, et quand je dis : en général, c'est un bien gros mot pour un public de cent lecteurs, de quoi faire un cleub... Et si on les aime mieux, c'est parce que ce sont, au fond, des romances, comme les hommes les aimaient déjà du temps que les Sirènes chantaient : San-anta Louchi-ia aux matelots d'Ulysse. » *Au lieu que dans les quatrains, ajoutait-il,* « les vers qui les composent sont des organismes indépendants. »

Plus encore qu'une modestie de bon aloi, ces jugements outrés montrent bien le manque de complaisance pour soi-même d'un artiste qu'ont toujours armé les plus nobles scrupules.

Quelle ne doit pas être enfin notre émotion quand l'écrivain évoque lui-même le temps où il dormira sous les fleurs du cimetière de Guéthary, d'où les morts peuvent voir la mer quand ils font carouse.

C'est là que nous l'avons conduit le 8 septembre 1920.

En regard de celles de Toulet l'intérêt des lettres de René Philipon n'est pas moins certain. Elles expliquent les réponses de son correspondant et parfois les commentent. Et elles demeurent un document sur la vie à Paris et autour de la capitale pendant la guerre. Paris sous les bombes, la pénurie des transports ou des communications avec la banlieue, la difficulté de s'approvisionner, la mauvaise grâce des vendeurs, la réouverture des musées, un écho des plus sensationnelles soirées théâtrales : voilà le résumé succinct des petits tableaux que le lecteur y goûtera. Ajoutons-y un croquis pittoresque de la signature du traité de Versailles, vue du dehors : « Tout est accompli. Nous arrivons de Versailles, où nous fûmes voir une quantité prodigieuse de dos humains et de croupes de chevaux. Un large ruban vide entre une quadruple haie de soldats et de cavaliers s'étendait tout au long de l'avenue de Paris. De rapides autos closes, contenant des chapeaux hauts de forme ou des képis, franchissaient la grille redorée à neuf, et dont les trois portes étaient grandes ouvertes. La foule, avec un instinct étrange des choses, avait une attitude grave et heureuse, qui contrastait singulièrement avec la joie débordante du jour de l'armistice... »

Les lettres de P.-J. Toulet avaient été conservées pieusement par son correspondant. On les retrouve ici à peu près entièrement. Mais bien des lettres de René Philipon ont dû sans doute être égarées. Du moins celles, encore nombreuses, que nous avons pu recueillir dans les papiers de Toulet, ont permis de publier, en lui laissant toute la lumière nécessaire, cette précieuse correspondance de deux amis.

Guéthary, 7 septembre.
Coulonges-sur-L'Autize, 24 septembre 1922.

Henri MARTINEAU.

LETTRE I

René Philipon à P.-J. Toulet

18 Février 1918.

Il y a huit jours, Monsieur, je ne vous connaissais pas encore. Passant, un certain lundi, chez mon
libraire ordinaire, je feuilletais machinalement un
livre intitulé *Comme une fantaisie,* lequel me captiva
au point que j'en acquis de suite deux exemplaires,
destinés à des amis au front de guerre, et j'en com-
mandai un sur grand papier, qui fait mes délices.

Avant-hier, malgré le froid extérieur qui m'est fort
hostile, je retournai chez ce marchand de livres, et
je pris *monsieur du Paur, homme public,* puis,
courant chez Vallette, au *Mercure de France,* j'eus
la bonne fortune d'y trouver encore un exemplaire
de *mon amie Nane* et des *tendres Ménages.*

Mais voici que je ne puis mettre la main sur le moindre exemplaire du *grand dieu Pan* et du *mariage de don Quichotte*. Et, ma foi, cette lettre que je prends la liberté de vous écrire n'a pas d'autre but que de venir vous demander s'il vous en resterait quelqu'un, dont vous consentiriez à vous dessaisir. Que votre bienveillance excuse donc l'importunité de ma demande, en faveur du motif qui la dicte, et qui n'est autre que ma sincère admiration pour la grande perfection et personnalité de ceux de vos livres que j'ai eu la bonne fortune de rencontrer. Je dois surtout m'excuser de ne pas vous avoir connu plus tôt. Mais, pendant de longues années, j'avais cessé tout achat de périodiques, les trouvant le plus souvent encombrants, et, aussi, avec trop de pages de remplissage.

Pourtant, par une de ces inconséquences qui ne surprendront point la connaissance que vous avez de la nature humaine, je me suis abonné aux *Ecrits nouveaux*, et j'ai l'agréable surprise de ne pas le regretter. Vous y êtes pour beaucoup, Monsieur, avec votre *Souper interrompu*, dont j'attends la suite avec une impatience sans feinte.

Il paraît, Monsieur, — et c'est mon ami Georges Auric qui me l'a dit — que vous avez fait des vers lesquels, en rien, ne le cèdent à vos autres livres. Mais où sont-ils ? Vainement je les demande aux échos, ceux-ci demeurent muets. J'espère que vous ne ferez pas de même.

Encore un coup, voici, sur cette feuille volante, l'expression d'une admiration sincère.

LETTRE II

P.-J. Toulet à R. Philipon

Etcheberria à Guéthary (B.-P.)
26 Février 1918.

Monsieur,

Je n'ai pas besoin de vous dire que votre lettre m'a infiniment flatté, venant surtout d'un amateur qui me paraît délicat. Et puisque vous avez fait la folie de prendre un exemplaire de luxe, permettez-moi de vous envoyer une petite dédicace que vous y pourrez faire coller par votre relieur. Mais je regrette que vous ayez acheté le *monsieur du Paur* dont le frontispice a été changé par Martineau qui a fait affaire, de moitié avec moi, pour acquérir ce qui restait de ce roman chez Garnier. Il en a gardé 50 ou

100 dont on n'a pas changé le titre, et qui sont vendus assez cher, je crois, étant du reste rares : car ceux que je donnai, à l'époque, sont pour la plupart passés aux vieux papiers, et d'autre part, il ne s'en est — ou autant dire — pas vendu la demi-douzaine. Mes éditeurs, y compris Valette, ont nourri l'opinion chimérique que mes romans étaient du Haut Brion. Ensuite de quoi, ils les mettaient en cave, répondaient aux esprits aventureux qui en demandaient quelqu'un que « c'était épuisé » et me disaient avec tristesse : « Qu'est-ce que vous voulez, ça ne se vend pas. » Il n'y avait que Rachilde au *Mercure*, qui voulût bien croire que je n'écrivais pas en boustrophédon.

L'ennui est que je n'ai pas *un* exemplaire à vous offrir. Vous trouverez pour pas cher, un *grand dieu Pan* (traduit d'Arthur Machen, romancier anglais aussi inconnu qu'il mérite de ne l'être pas) chez Crès, — qui a racheté le fond à la Plume — mais toujours en changeant la couverture.

Peut-être en reste-t-il, chez un de mes parents, quelques-uns du premier lot. Si j'en retrouve quand j'y passerai, je vous en enverrai un. Mais peut-être n'êtes-vous pas sensible autant que moi à ces vaines minuties d'édition et de tirage.

Quant au *mariage de don Quichotte*, rien à

faire. Le docteur Martineau qui est mon éditeur (et directeur du *Divan*, petite revue qui s'imprime à Coulonges-sur-l'Autize (Deux-Sèvres) et dont Crès est dépositaire à Paris)[1] l'a cherché pour son propre compte pendant un an avec la suite qu'il apporte à ce qu'il fait — et n'en a trouvé pas un seul. J'ai fini par lui donner l'exemplaire de ma femme et il ne me reste que mon grand papier. Au fond, je suis enchanté de cette disparition, car je l'ai en exécration, comme d'ailleurs presque tout ce que j'ai fait. La conception de *monsieur du Paur* n'était pas sans valeur, mais je l'ai gâchée. Nous ne parlerons pas des *tendres Ménages*, ni donc du *mariage de don Quichotte*, ni de mon rôle dans cette traduction mal écrite.

Reste les personnages de *mon amie Nane* et leurs nuances (soit un tiers du livre). Reste les *Ombres chinoises* (moins les *Magots*) pour lesquelles j'ai beaucoup de goût, et quelque 8 ou 10 pages de la *Princesse de Colchide*. Reste enfin un volume de vers et un de maximes. Ils devaient paraître par souscription, et elle suffisait, sans plus attendre, à couvrir les frais ; on me pressait pour revoir les

---

1. La librairie Crès n'a jamais été dépositaire du *Divan*, mais avait bien voulu prendre en dépôt, à cette époque, quelques volumes édités par *le Divan* et parmi ceux-ci *Comme une fantaisie*.　　　　　　　　H. M.

manuscrits quand la guerre éclata, et tout s'arrêta. Je crois que Martineau va reprendre les choses. Mais où sont les premiers souscripteurs? Et il a fallu à cause du papier, augmenter les premiers prix, pour les nouveaux souscripteurs. Je ne sais si cela suffira, et s'il ne vaudra pas mieux attendre la paix, d'autant plus que je me suis opposé longtemps à publier quoi que ce fût pendant la guerre. D'autre part, quand on n'est pas en état de se battre, peut-être rendrait-on plus de services en travaillant à distraire un peu les gens, au lieu qu'on les laissât se manger le cœur.

Adieu, Monsieur, et merci encore de votre gracieuse lettre. Elle ne m'avait pas laissé deviner votre âge, ni votre *curriculum vitæ*, aussi précisément que j'ai été renseigné par Madame B... qui fut la nièce du Bibliophile Jacob et une amie de votre famille. Si vous sortez des Chartes (avant Jacques Boulenger, je pense) il ne se peut guère que vous n'ayez pas écrit quelque chose, et qui m'intéresserait si vous m'en faisiez part. Je suis homme, et rien de ce qui touche aux humanités — voire à des viandes plus coriaces.....

Bien sympathiquement.

P. S. — Ne pensez pas que je prenne le bibliophile Jacob pour une autorité. Son Villon (le lexique surtout) est un exemple de ce qu'il ne faut pas faire.

Quant à la mystérieuse disparition du *mariage de don Quichotte*, elle est due à ce ...., qui en était l'éditeur. Il le solda, sans m'avertir bien entendu, et je crois qu'il en mit surtout au pilon. Autrement on en trouverait autre part que sur les paquebots — où de hardis explorateurs m'ont affirmé l'avoir vu.

LETTRE III

R. Philipon à P.-J. Toulet

2 mars 1918.

J'ose espérer, Monsieur, que ce n'est pas sans
dessein que vous avez bien voulu mettre en tête de
votre aimable lettre votre adresse très exacte, afin de
poursuivre — par correspondance en attendant
mieux encore — des relations si heureusement com-
mencées et dont, pour ma part, je me réjouis. Oui,
Monsieur, votre lettre m'a charmé. Et ce nom de
Guéthary, où jamais je ne fus, et qui se détachait
dans le timbrage de l'enveloppe, a de suite ravivé en
mon cœur mille souvenirs émus, quoiqu'anciens.
Madame B..., pour qui je veux vous charger de mes
hommages les plus respectueux, est une amie de
ma famille, et tous les siens, que la vie a égaillés

loin de nous, gardent toujours leur bonne place au jardin de ma mémoire fidèle..... Le père de Madame B... était, en effet, le propre frère du bibliophile Jacob, dont les publications, pesantes d'érudition, inspiraient à mon adolescence un si grand respect, que je n'ai jamais voulu le profaner ensuite, en en plaçant une seule dans ma petite bibliothèque.

Tout se trouve, Monsieur, et souvent à l'instant où l'on désespère de trouver. C'est pourquoi j'ai la conviction de rencontrer quelque jour un exemplaire du *mariage de don Quichotte*, et ceci sans monter sur un paquebot. Au demeurant, je redoute le mal de mer, qui empêche de jouir des meilleures choses, et vous rend tout semblable à un chiffon. Quant à votre traduction de l'anglais, mon libraire ordinaire vient de m'assurer par téléphone que j'en aurais sans faute un exemplaire lundi soir au plus tard, sans doute avant que cette lettre même vous soit parvenue, à en juger par celle que je reçus ce matin de vous, *vià censurà*.

Votre lettre a poursuivi le bon effet de vos livres, le consolidant même, en me rendant « in high spirits », c'est-à-dire en me distrayant des horribles contingences de l'heure actuelle. Recevez donc mon meilleur merci pour cette bonne action.

Tandis que je trace ces lignes, on me remet un petit paquet, le n° 5 des *Ecrits nouveaux*, avec la suite du *Souper interrompu*. Je ne vous quitterai donc que pour vous retrouver.

Je ne connais ni votre âge, ni votre *curriculum vitæ*. Cette ignorance laisse le champ libre à toutes les fantaisies de l'imagination ; mais déjà votre écriture, fine, souple, déliée, délicate, reflète bien votre esprit, lequel plaît au mien.

La dédicace, qu'il vous a plu d'insérer dans votre lettre, me fait le plus grand plaisir, et parera la première page du volume *Comme une fantaisie*, lequel est précisément chez le relieur, ou plutôt la relieuse, Germaine Schrœder, qui fait les plus jolies choses du monde, à la condition de lui laisser la bride sur le col. Encore merci, Monsieur, et, en attendant de converser avec vous, veuillez croire à mes sentiments bien sincères.

P. S. J'ai bien commis quelques livres jadis, et sur des sujets affreusement ennuyeux. Tous sont épuisés, sauf une traduction d'un roman catholique de Mgr Benson, dont j'aurai plaisir à vous envoyer un exemplaire à mon prochain voyage à la campagne.

La revue le *Divan* paraît-elle encore malgré la guerre? Et puis-je écrire à M. Martineau? Ne manquez pas de me compter au nombre des souscripteurs de votre volume de vers et de celui qui renfermera vos maximes. Celles que vous attribuez, non sans raison, à Monsieur du Paur, sont, à la vérité, frappées au coin de l'observation la plus juste.

LETTRE IV

René Philipon à P.-J. Toulet

21 avril 1918.

Cher Monsieur,

Je me baise les mains d'avoir pris un exemplaire sur grand papier de votre livre *Comme une fantaisie*, car il en vaut la peine, et les papiers ordinaires sont affreux. Oui, monsieur, vos magots me délectent, et sont parmi les rares choses qui peuvent distraire mon esprit des inquiétudes qui le mordent pour tous ceux, amis ou parents, qui sont en danger. Il n'est pas de semaine que je n'apprenne une blessure ou pire chez quelqu'un des miens.

Et puis Germaine Schrœder a vraiment bien habillé le volume, et il me plaît à regarder son dehors, à le caresser avant de l'ouvrir. En écrivant ceci, vous avez fait une *bonne action*, dont je ne saurais trop vous louer et remercier.

Le *Souper interrompu* a été faire un tour au front; Bénech, le poète charmant de la *Poursuite du Vent*, retourne les numéros qui contiennent cette nouvelle fantaisie, et m'écrit : « Toulet est un être inimitable ; quel causeur ce doit être... » et mon ami a certainement deviné juste.

Ce *Souper* que l'on peut qualifier d'extraordinaire, ne saurait être illustré par aucun crayon, puisqu'Aubrey Beardsley n'est plus parmi les hommes. Le texte se suffit à lui-même ; mais sur quel papier, en quel format, avec quels caractères et quelle encre, c'est un joli jeu pour l'imagination, puisqu'actuellement on ne peut à peu près rien produire de propre.

Donc il ne paraît rien d'intéressant, même rien du tout, et les réimpressions sont en suspens.

Nous subissons le plus mauvais temps du monde, à se croire au cœur de l'hiver et ce ciel qui distille la pluie, distille aussi la tristesse. On reste au coin du feu, cantonné dans deux pièces perdues d'une vaste demeure glacée, faute de combustible. Nous en sommes sortis pourtant hier dans une invraisemblable patache louée à prix d'or avec des voisins, et avons fait un voyage extrêmement compliqué pour aller à Paris, où nous appelaient des affaires de famille. La capitale est morne et désertée, mais ceux qui circulent le font sans appréhension. A vrai dire, les obus font moins de victimes que les automobiles et les autobus du temps de paix. Nous y avons un logement à l'ombre de la tour Eiffel, c'est-à-dire aux premières loges, pour recevoir le feu du ciel. Heureusement nous sommes à l'entresol, et puis on s'habitue à ces manières d'arrosages.

Je serais désireux d'avoir une image de vos traits et de votre personne, en attendant que je vous voie vous-même, bien entendu, si vous n'y voyez nul inconvénient, ni impossibilité. Si vous ne pouvez pas ou ne voulez pas me donner cette effigie, dites-le avec la même franchise que la mienne; c'est même fort indiscret de ma part. Mais ne vous en prenez qu'à vous-même si je ne m'excuse pas. La faute en est tout entière à votre talent et à l'accueil indulgent que vous avez bien voulu faire à ma première lettre.

J'ajoute tous mes sentiments les plus aimables.

P. S. Puis-je espérer que vous ne m'oublierez pas auprès de vos voisins, que je ne saurais oublier jamais.

LETTRE V

P.-J. Toulet à R. Philipon

Je lis très peu de nouveautés depuis que je suis malade, et que j'ai quitté Paris, en 1912, les pieds fort mal orientés. Et j'aimerais à connaître des vers de M. Bénech. Quant à être un causeur plus ou moins brillant, vous savez combien cela, dans notre pays, est courant, et signifie peu de chose. Du vent sur de l'eau, ça fait de jolies arabesques ; mais le courant n'en est pour cela pas plus puissant que l'eau profonde.

Ça m'amuserait que vous lisiez de mes vers. Je les ai toujours trouvés assez méchants, ou qui pis est : médiocres. Pourquoi en faites-vous ? dira-t-on. C'est que deux ou trois pièces faites en quelque sorte, malgré moi, et que je laissai lire, furent assez louées pour m'engager à en faire d'autres. Les *Marges*

et le *Divan*, la *Grande-Revue, etc.*, en regorgè-
rent, et ce qui m'amusa le plus, c'est qu'on les imita.
Il faut vous dire que si je suis tout à fait inconnu,
sauf d'un petit nombre, ce petit nombre m'a toujours
outrageusement flatté. Si je n'étais Béarnais, c'est-à-
dire sceptique, j'aurais fini par me prendre au sérieux.
Hélas, le vide de ma caisse est là pour me ramener
à la raison.

Oui donc, venez à Guéthary. C'est un lieu charmant, très bien placé entre Biarritz et l'Espagne,
avec de bons hôtels, où ma femme vous trouvera
pour vous tous, ou pour vous seul, ce qu'il faudra. Et
je serai aussi content de vous connaître, que Mme B...
de vous revoir.

Vale.

LETTRE VI

P.-J. Toulet à R. Philipon

Cher Monsieur, vous n'êtes donc pas allé à Saintes ? J'espérais que vous m'en donneriez des nouvelles. J'y ai passé près d'un an environ, en 1885, chez un de mes oncles, officier du génie, qui demeurait à l'ancienne abbaye Saint-Pierre, à cheval sur la place et la cour de la caserne. Ma fenêtre donnait sur cette façade romane qui est très belle et très inconnue, qui me fit pousser des cris d'admiration le premier matin que j'ouvris mes volets.

J'étais censé faire ma philosophie et le collège de Saintes est le seul d'où je n'ai pas été mis à la porte. Il est vrai que j'y fus cinq ou six fois, après quoi on ne me revit plus. Comme ma pension courait toujours, et moi aussi, mais pas ensemble, cela faisait l'affaire du père Chaptal, qui n'ayant jamais connu d'élève moins bruyant, me jugeait sans doute fort calomnié.

Des camarades que j'eus alors, je crois qu'il ne reste, s'il reste, qu'Henri Léger, fils d'un médecin de Saintes. L'avez-vous connu? Il y a de belles antiquités à Saintes dont j'aimerais à me procurer des cartes-postales. En avez-vous le moyen. Quant au musée, je crois qu'il était constamment fermé. Peut-être y a-t-il quelque chose. Avez-vous des tuyaux ou un catalogue ?

Mme B... vous envoie ses bons souvenirs, Robert est toujours plus ou moins attaché à l'aviation du côté de Nancy.

J'ai un roman (la *jeune Fille verte*) qui va paraître dans les *Ecrits nouveaux* en août. Mais deux journaux (le *Oui* et l'*Eclair*) qui m'avaient demandé des nouvelles, ne les publient pour ainsi dire pas, ce qui m'est bien désagréable, pécuniairement parlant, car les temps de guerre sont durs. Avez-vous quelque influence dans ces feuilles ou dans d'autres.

Yours truly.

P. S. J'ai vu jadis de jolies reliures de Germaine Schrœder, l'invention de ses papiers remonte à un vieux relieur aujourd'hui mort : Prouté.

LETTRE VII

R. Philipon à P.-J. Toulet

J'ai eu un bien grand plaisir à tenir, hier matin,
votre aimable lettre, dont tous les détails m'ont
prodigieusement intéressé. Vous ne sauriez croire
combien je suis touché par tout ce que vous dites de
ma ville natale ; quoique je l'aie quittée à l'âge de
7 ans, une foule de sentiments monte à mon cœur
dès que je reviens dans ses rues, aux parlantes
façades — il en a de si jolies — et de ses monuments,
dont quelques-uns sont d'une grande beauté. Tous
les âges successivement y laissèrent leur empreinte,
et les guerres de religion, qui y furent si violen-
tes, la révolution même ont respecté certaines
choses vétustes comme il n'y a point ailleurs. Au
demeurant, on peut se demander si les secousses
sociales y eurent ce caractère de sauvagerie, fauteur

de tant de ruines dans d'autres régions. Le climat doux, salubre, la vie facile ont donné aux Saintongeois une manière d'humeur pacifique qui n'appartient qu'à eux.

Je n'y suis pas allé, d'abord à cause d'une crise cardiaque, ensuite à cause d'une crise dans notre personnel. Mais le mal semble conjuré depuis ce matin même, et nous espérons pouvoir nous mettre en route dans peu de jours.

Mais, vraiment, nous ne pouvons pousser cette fois encore jusqu'à Guéthary, quelque plaisir que je me promette de la présence de notre amie Madame B... et de la vôtre. Les misères corporelles ne m'ont jamais manqué ; actuellement ce sont des troubles circulatoires et du foie qui me privent de la joie de m'approcher de l'onde saline. Et je n'ose plaisanter de mes maux, comme vous le faites vous-même, avec un magnifique moral que je voudrais bien avoir.

Mais oui, j'ai lu quelques-uns de vos vers, dans le numéro du *Divan*, qui vous est consacré, et que Martineau m'envoya. Que vous en soyez ou non satisfait, peu me chaut, car ils sont un enchantement pour mon esprit, et je ne suis pas surpris qu'on ait cherché à les plagier. Mais peut-on imiter l'inimitable ? Mon regret est de ne pouvoir me procurer les

numéros des revues où parurent vos *Contrerimes*,
nom si bien trouvé, et qui convient si parfaitement à
vos extraordinaires petits poèmes. Comme je tien-
drais beaucoup à les avoir, et que vous les avez
certainement dans votre bibliothèque, pourrais-je
vous demander de vouloir bien les faire copier chez
vous-même, par quelqu'un ayant des loisirs. Je
mettrais à la disposition du copiste une petite somme
de cent francs, et que voici, si la chose était faisable.
Je ne puis payer davantage en ce moment, n'étant
fournisseur de l'Etat que pour mes contributions. Je
vous envoie même sous ce pli le papier nécessaire et
qui provient d'un bloc, dont les feuillets sont tout
bonnement pliés en quatre. Cela formerait un délicieux petit volume qui serait revêtu bellement par
Germaine Schrœder, tout en peau d'antilope. Elle
use peu de papiers, mais elle a les plus jolis cuirs
du monde, et des caractères romain bâton non baveux,
qui sont vraiment très bien. J'ai en effet connu à la
rue d'Ulm, le « père Prouté » et ses papiers peints
je ne sais comment. C'était un artiste dans son genre.
Kieffer a monté depuis deux années deux ateliers
de mutilés, l'un de fabrication de papiers imprimés
destinés aux couvertures et gardes de livres, qui
travaille d'une manière assez heureuse ; l'autre utilise

les dits papiers. En tout cas, tous deux ont l'avantage appréciable d'être bon marché. Quand vous aurez lu le livre de Bénech, que j'ai prié mon libraire ordinaire de vous faire tenir, et que je prends la liberté de vous offrir — si toutefois ce recueil n'est pas épuisé — vous n'aurez qu'à me le retourner, et je me ferai un plaisir de le faire relier avec un de ces nouveaux papiers.

Quand je serai à Saintes, je vous enverrai des cartes postales qui me sembleront les plus intéressantes, et, pour vous faire patienter, je vous adresse sous ce pli des vues de notre région et de ma maison, à défaut de mieux.

Quand Robert viendra en permission, comme il a certainement un kodak quelconque, voudrez-vous lui demander de ma part une effigie de vous-même, de votre maison, et de l'endroit où vous vous tenez de préférence.

Je croirai me rendre compte mieux de ce que vous êtes, et puis, quand je vous verrai, j'aurai encore la belle surprise du timbre de votre voix, et de tout ce que récèle la *présence* même.

A vous.

LETTRE VIII

P.-J. Toulet à R. Philipon

Cher Monsieur, je suis souffrant et, d'autre part, fort importun. Il me faut pourtant vous écrire au sujet des cinq louis, que vous dites, si je comprends bien, avoir mis dans votre lettre. Celle-ci n'en contenait rien, et elle avait été ouverte à la censure, où on aura sans doute égaré le billet. Peut-être pourriez-vous y écrire, plutôt que moi, qu'ils voient de mauvais œil, je crois.

En temps de paix, j'aurais trouvé la somme exagérée. Depuis la guerre, les exigences sont telles, qu'elle sera à peine suffisante. En tout cas la copiste, se chargera de la chose, tout ou partie. Vous aurez quelques inédits, plus mauvais encore que les premiers. Merci des cartes; mais je ne démêle pas toujours ce qui est de vos terres.

Ce beau coin de jardin Louis XIV, avec des urnes, est-ce chez vous, ou à Dampierre, où il se trouve des œuvres d'art que j'aimerais à avoir si elles sont sur cartes; je vais voir pour des photos anciennes de moi, et je pourrais vous les prêter, et vous pourriez en tirer d'autres épreuves.

Bien à vous.

P.-J. Toulet à R. Philipon

Cher Monsieur, j'ai soupçonné à faux cette bonne censure, le courrier suivant ayant apporté les 5 louis ; je vous envoie ma lettre tout de même. La fièvre fait danser mon crayon, et je m'arrête. Tenez-vous à n'avoir cette copie que d'une main ? ou bien de deux ou trois, dont la mienne ? dans lequel cas (plusieurs copistes), ne répondez pas. Ça voudra dire oui.

Je suis désespéré d'être arrivé à la fin de mon tabac, sans le pouvoir renouveler. S'il y avait à Chevreuse du *caporal* ordinaire (l'ancien paquet de 10 sous) vous seriez un sauveur de m'en envoyer 2 ou 3 paquets. On n'en trouve pas à Paris, ni à Bayonne ou Biarritz. Pas reçu le livre promis.

LETTRE X

P.-J. Toulet à R. Philipon

Guéthary, 30 mai 1918.

Cher Monsieur, je vous envoie un brouillon (épreuves) ancien de mes quatrains, pour que vous me disiez si vous voulez qu'on les recopie — tout au moins ceux que je conserve dans le livre. Dites-moi aussi si vous êtes content de ce qui vous est parvenu en fait de *Contrerimes,* — content quant à la copie.

Vous ne répondez rien au sujet de mes photos, ni si ce coin de parc est à Vertcœur ou à Dampierre. De qui est la statue de votre escalier et le Narcisse ?

C'est dans une salle à manger de Dampierre qu'il y a des peintures qui m'intéressent, quoique j'aie oublié le nom de l'auteur (Guignet ?). Les Luynes ne doivent pas en autoriser la reproduction ni de l'*Age d'or*. Cette cheminée mesquine, et d'une élégance dont la sécheresse ne veut pas dire : simplicité, doit être de l'architecte Rossigneux. Le savez-vous ?

C'est bien ennuyeux que vous ne connaissiez personne dans la presse, à la *Revue de Paris*, non plus, ou dans quelque revue payante ? J'ai horreur de l'argent, d'en parler, d'y penser. Mais mon père, grâce au labeur acharné d'une intelligence rigoureuse, ayant enfin ruiné lui-même et moi, il faut bien que je m'en occupe. Et mon pauvre budget se détraque misérablement.

Du reste, je suis né sous une étoile malheureuse. Voici un cas : Debussy m'écrit pour reprendre un projet d'opéra chez Gémier, qui m'aurait sans doute rapporté une espèce d'aisance. Dix mois après, il meurt. Et avec un ami admirable, je perds l'espoir de ma tranquillité. Pauvre Claude ! Il était venu passer quelques mois à Saint-Jean-de-Luz pour s'occuper de cette collaboration.

A vous.

LETTRE XI

P.-J. Toulet à R. Philipon

4 juin 1918.

Mais, cher Monsieur, à quoi pensez-vous ? Et voulez-vous qu'on m'applique le mot cruel où la lyre de Lamartine était traitée de tire-lire. C'est une toute petite lyre que la mienne, mais enfin, Plutus ne l'a pas tendue d'une corde d'or. Si je vous parlais de mes ennuis, c'est d'abord que je ne suis pas cachottier, et surtout que vous faites figure d'ami, quoique nous ne nous connaissions que depuis peu — et encore par lettres. Je suppose en effet que vous avez les vôtres ; et, d'ailleurs, le métier de pro-priétaire n'enrichit guère. Cela n'empêche pas que je regretterai toute ma vie les terres de famille qu'il m'a fallu vendre. — Il y avait là des bouquets d'arbres et des familles de serviteurs qui nous appartenaient depuis des siècles. On ne s'en détache pas sans un peu de mélancolie. Et je regrette aussi mes terres de Maurice qui, outre qu'elles donnaient des revenus, étaient fort belles.

Je crois, — je n'en suis pas sûr — qu'il m'y reste un bout de forêt qui ne rapporte rien, que toutes sortes de citrons et de mandarines : les arbres en sont grands comme des platanes, et tout tachetés d'or rouge comme un soir de fête publique.

Là-dessus, je reprends le cours de mes interrogations, et vous prie de m'en excuser. Mais, je crois que vous en avez sauté.

1° La copie des *Contrerimes* vous convient-elle ?

En voici un paquet de plus, qui doit à peu près clore. Je vous copierai quelques autres pièces, quant à moi.

2° Avez-vous reçu mes anciennes épreuves de *Quatrains et Distiques* ?

3° Je ne comprends pas ce que vous me dites à propos d'une allée et de mon image. Je vous offrais de vous envoyer — pour en faire des kodaks, trois ou quatre photos de moi anciennes, et une assez récente. Je ne crois pas que Robert soit resté très bon photographe. Et Dieu sait ce qu'il faudrait attendre. Répondez-moi en tout cas.

CORRESPONDANCE

DE

P.-J. TOULET

AVEC

RENÉ PHILIPON

4° J'ai fait part à Martineau de ce que vous m'aviez dit pour les *Contrerimes*. Il est surchagé de besogne et ne m'a point répondu. Il était en pourparler avec Carco pour publier — d'une autre façon — les *Contrerimes* et les *trois Impostures* (maximes). Si je retrouve un ancien prospectus, je vous l'enverrai, quoique inutile. Merci mille fois de vos souscriptions. Cela pourra venir en son temps.

5° Et aussi de vos efforts à la *Revue de Paris*. Mais là, comme ailleurs, l'influence suit l'argent et ce sont les actionnaires qui en ont le plus. Ce que je pourrais faire pour la dite revue, c'est deux biographies, l'une de Boissière (l'auteur de *Fumeurs d'opium*, et de fort beaux poèmes provençaux). Sa veuve tient tous les papiers à ma disposition. Et je pense que Mme Debussy fera de même, si elle ne s'est pas engagée ailleurs. Je lui ai écrit pour lui conseiller de faire faire la biographie de Claude par Louis Barthou. Mais elle ne veut pas et n'est pas en état pour le moment de prendre une décision.

6° Je vous avais prié de vous informer à Saintes de mon ancien camarade Henry Léger (ils étaient deux fils d'un docteur), et si vous avez un fil, de lui faire faire mes amitiés. Les autres sont morts ou égaillés, à part le fils d'un marchand d'eau-de-vie,

chez qui l'esprit n'était pas remonté à la tête. Il avait
de vilains Saxes et la manie de monter des cercles
sportifs. Sa maison était un assez joli rêve de nouveau riche, sur le quai à gauche du pont en allant au
faubourg, il me semble. Et j'ai oublié son nom.

Mais cette carte postale du musée archéologique,
ça n'est pas du tout ça. Le *Magasin Pittoresque*
avait donné quelques frises et reliefs gallo-romains
de premier ordre. Peut-être trouveriez-vous chez
Trépeau (c'était bien son nom, je crois, en 1884) ou
son successeur, Cours d'Alsace-Lorraine — un livre
illustré touchant ces fouilles faites au mur de l'hôpital
par l'aumônier, et une description illustrée (si elle
est bien faite) des monuments de Saintes. Ne
dépassez pas 5 francs pour l'un s. v. p. ou 10 francs
pour les deux. Vous voyez que je suis riche. Le fait
est que mon année passera je crois sans embarras
avec les *Ecrits nouveaux* d'une part, et de l'autre
une location de 2 mois qu'on nous offre de la villa.
Je voulais les passer chez des parents un mois, et un
autre dans une auberge de campagne. Ça s'est donc
bien arrangé, ou ça en a l'air. Les parents, ce serait
en août (aux environs de Dax), et l'auberge en septembre. Si vous veniez nous voir, je la choisirai loin

de la mer, et avec de la place pour vous. Qu'en pensez-vous ?

Avez-vous un libraire à Paris, pas trop fastueux, j'en cherche un.

Bien à vous.

P. S. Je vous envie de connaître un grand artiste comme Bartholomé. Je reconnais maintenant l'image de l'escalier. Je regrette que ce soit un moulage. Ne pourriez-vous avoir des plâtres originaux ? Ce ne doit pas être impossible, car j'en ai vu chez quelqu'un qui connaissait à peine B. Et j'ai remarqué que les sculpteurs, peut-être pour avoir de la place, se défaisaient assez aisément de certains de leurs modèles. Si vous pouviez en avoir de ce merveilleux monument de Jean-Jacques. B. passe pour une intelligence de premier ordre, chose incroyable, s'il n'était né architecte.

LETTRE XII

R. Philipon à P.-J. Toulet

. . . . . . [1]

A peine terminé le griffonnage qui concerne l'envoi
des deux cartes-postales et celui de mon ex-libris,
j'eus la pensée d'aller jusqu'à la bibliothèque muni-
cipale. Ouverte ce jour-là précisément et pleine
d'une foultitude de liseurs, je pus atteindre l'aimable
bibliothécaire qui me montra les 2 ouvrages dont
vous parlez, mais quand il me parla d'une valeur de
500 francs pour l'un et de 100 francs pour l'autre, je
manquai de tomber assis par terre. Gardez-vous de
faire de même. Ces iconographies sont fort belles,
mais nos moyens de phynances n'en permettent
qu'une vue rapide dans les librairies publiques.

1. Le début de cette lettre a été perdu. H. M.

En entendant prononcer mon nom, un monsieur m'aborda civilement afin de s'enquérir de mes tenants, ayant connu ma famille. Il se trouvait être tout juste... je vous le donne en cent, le propre oncle de votre ami Henry Léger...

Je pense que nous allons repartir pour Vertcœur, où ma femme désire passer l'été, s'il plaît au ciel, bien entendu. Nous y dormirons au son du canon, qu'on entend très distinctement, à ce qu'on m'écrit, maintenant que 65 kilomètres seulement nous séparent — à vol d'oiseau — du champ de tir.

C'est vous dire que le plaisir très grand que j'aurais à remuer avec vous idées et souvenirs est ajourné encore un coup. Car je suis sûr que nous avons des souvenirs communs, quand ce ne serait que ceux de l'Antre de la rue de l'Echaudé, où régnaient jadis Rachilde et Vallette...

Ne nous oubliez surtout pas auprès de vos voisins, et croyez à mes sentiments les plus sincères.

Un de mes voisins de Paris connaît à Guéthary, Mademoiselle D..., dont la maison basque lui parut, l'automne dernier, un paradis. Qu'est-ce à dire ?

Avez-vous reçu 3 paquets de tabac envoyés de Vertcœur il y a peut-être une douzaine de jours ?

LETTRE XIII

P.-J. Toulet à R. Philipon

N'avez-vous point honte, Monsieur, d'employer un si vilain papier? Je croyais en avoir le privilège, et vous mourrez de restrictions. Quoi, trente louis, vous trouvez que c'est cher, pour deux brochures, dont l'une épiscopale? Mais, c'est une paille. Il n'y a qu'à ôter deux zéros. Sérieusement, j'ai peine à croire que quatre pages et trois gravures du *Magasin Pittoresque* composent toute la bibliographie de ces fouilles du mur de l'hôpital, qui me parurent menées par un ecclésiastique de mérite, et intéressantes d'un point de vue général.

Petite digression archéologique. — Vous n'ignorez pas — mais j'ai plaisir à me le dire — que les Romains n'avaient pas laissé se former en Gaule une armée nationale, et qu'elle n'était défendue que par des légions, qu'à l'occasion on appelait ailleurs, quoique ce ne fût pas une formation fort mobile. Au IIIe siècle la Gaule se trouve dégarnie et en butte aux incursions des Boches (non pas des Francs, qui étaient des tribus assez nobles, et probablement proches des Gaulois par le sang). Aussi n'en faut-il pas croire la vaniteuse niaiserie de Gobineau, ni toute une gamme de romantiques qui va d'hommes du premier ordre comme Viollet-le-Duc, Fauriel, ou Paulin Paris jusqu'à ce novéliste idiot de Berthoud — pour ne rien dire de l'oncle de Mme B..., cette montjoie d'ignorance et d'erreurs. En revanche, Guizot, profond esprit et vaste, encore que protestant, et le vrai père de notre histoire n'a jamais pris part à toutes ces lècheries germanophiles.

Le mot d'ordre, dans toutes les Gaules, fut de rétrécir les villes, en les entourant d'une forte enceinte. Comme on se croyait pressé, on usa d'un moyen fort ingénieux, qui fut, en fait de carrières, de se servir des monuments devenus suburbains. Mais on les démolit avec beaucoup de soin. L'appareil romain se compose de deux parements de pierre de taille, unis à l'intérieur par un blocage (en Gaule, on consolidait le mur par des chaînes de briques ou de poutres). Ces deux faces furent formées par les plus belles et grandes pierres de ces monuments qu'on espérait rebâtir, en plaçant le côté sculpté du côté de l'intérieur. L'abbé N... ayant découvert un de ces murs, et fort considérable, a naturellement, en en retournant les parements, mis à jour des sculptures où le génie français, de beaucoup le premier du monde en sculpture, se montre déjà. La puissance du relief, la richesse et la variété de l'ornement, en sont incomparables. Il y a là quelques motifs décoratifs du plus pur Louis XIV et très différents de la piètre sculpture romaine, à la fois pesante et mesquine, sauf peut-être l'Ara Pacio dont vous pouvez voir la frise au Louvre. Elle y est beaucoup moins déplacée que dans la barbare ville de Rome. — C'est fort bien de naître Yankee ; mais, de le devenir, après des siècles de civilisation, c'est une maladie mortelle. — Quant aux sculptures de Saintes, vous les trouverez peut-être dans cet affreux musée, ou bien à l'hôpital. Et vous en trouverez sûrement des cartes postales.

Je ne comprends rien à ce que vous me dites de Bartholomé. Vous me faites d'esquisses et de moulages, une même mouture. Ainsi, votre plâtre, est-ce un moulage fait sur la statue (que je me rappelle maintenant) — ou est-ce le modèle ? Et si ce n'est pas le modèle, pourquoi diantre ne vous l'êtes-vous pas fait donner ? Il serait mieux chez vous dans un beau décor, qu'à se poudrer dans un débarras. Et pourquoi B... n'a-t-il pas donné les plâtres de J.-J. Rousseau, qui est son chef-d'œuvre, à la Ville de Paris, ou au Luxembourg, si on y fait jamais de la place ? Car, en effet, ces plâtres ne se vendent jamais du vivant de l'auteur.

Connaissez-vous Maillol ? Ça aussi, c'est un grand sculpteur, mais, comme homme d'esprit...! Je me rappelle, un matin, et ivre de hachich, d'avoir tenu d'admirables discours à une porte de prison, du côté de Passy, je crois. Elle ne m'a pas répondu : Pain. Et telle fut ma conversation avec Maillol ; jusqu'au moment qu'un Catalan lui ayant parlé en leur commun dialecte, je pensai reconnaître sur sa face moussue, le lointain éclair de l'entendement.

Yours.

P. S. Mlle D... qui ne manque pas d'habileté, s'est fait bâtir, en effet, une des plus jolies maisons dites « basques » qu'il y ait. Mais je n'en connais ni l'intérieur, ni la propriétaire. La Comtesse de N..., notre grand poète, y a passé quelques jours, voilà 2 ans. Mais je n'étais pas encore à Guéthary.

Je croyais vous avoir remercié des 3 paquets de tabac, et même prié de vous informer si l'on n'en peut avoir à Saintes. Car avec beaucoup d'économie, ils touchent à leur fin. Soyez sûr que s'ils ne m'étaient pas parvenus, étant annoncés, j'aurais fait une musique de l'orage de Dieu.

Je serais très content que vous vissiez Martineau. La souscription était de 12 francs l'exemplaire de luxe, pour deux ouvrages : les *Contrerimes* et un livre de maximes les *trois Impostures*. De tout ce que j'ai fait, c'est, avec les *Ombres chinoises*, ce que je supporte le plus aisément.

LETTRE XIV

P.-J. Toulet à R. Philipon

Guéthary, 15 Juin, 1918.

Cher Monsieur, je suis malade, ces jours-ci, en sorte que la faiblesse et la fièvre occupent les côtés de mon lit (cette métaphore vous apprend qu'il est de milieu, encore qu'on l'ait destiné sous l'Empire ou la Restauration, à s'appuyer contre la muraille). Dans cet état, j'ai peur de ne pouvoir résister aux coups que me porte votre hypocrite écriture. Elle a un air bienveillant qui fait que l'on s'engage, et l'on se trouve bientôt au Labyrinthe.

> Ariane, ma sœur, de quel amour blessée...
> Prêtez-moi votre fil pour guider ma pensée.

Si un autre que moi se permettait de faire le

Gaudissart aux dépens de ce divin distique, je pense qu'il prendrait quelque chose. Il faut remarquer que la flaubertite, cette ridicule manie littéraire, était ignorée du grand siècle. Racine n'a pas répugné à la répétition de *utes*, lui qui, de tous nos poètes eut l'oreille musicale, mieux que Chénier, Charles d'Orléans, Bertrand de Born, ou Verlaine. Mais votre écriture n'a pu m'apprendre si vous aviez perdu un cousin ou deux. Vous m'aviez dit aussi que vous aviez à la guerre des êtes très proches, mais vous me laissez dans l'obscurité, et je ne sais même pas si vous êtes père de famille.

Je m'aperçois avec mélancolie que vous n'avez dû trouver aucune carte de ces merveilles lapidaires. La seule que j'ai eue représentait le dit musée sous les espèces d'une soupente au Fouta-Djalon, avec piliers d'ossements et pierres sèches. Au moins avais-je eu autrefois de bonnes cartes de monuments romains de Saintes, mais pas les Arènes. Ces cartes de vues rétrospectives sont assez mauvaises, mais touchantes. Tel votre pont de Saintes qui sent bien son Louis-Philippe, avec des postillons. Je ne sais pourquoi on éprouve une certaine nostalgie pour cette époque hideuse, que deux détails suffisent à représenter : 1° les Ruisdaël et les Frago se vendaient entre 30 et 50 francs ; 2° les 600 étuves du temps de saint Louis étaient réduites à *un* (1) établissement de bains. Or, il n'y avait ni salles de bains, ni tubs, et quant aux cuvettes, la dimension en permet de les mettre dans nos collections sous l'étiquette : *drageoirs*.

Non, ne cherchez pour moi, nulle publication ou vues dépassant trente sous. Je viens de faire une folie, qui aurait réduit ma femme au désespoir si je ne lui avais promis le même argent pour sa poche à la première rentrée. J'ai acheté à R..., quai Malaquais, moitié comptant, moitié à trois mois (pour 20 louis) vingt années de la *Gazette des Beaux-Arts* qui étaient justement le trou de ma collection. Si cette lettre vous touche à Paris, et que vous soyez assez bien, tâchez de voir chez lui ce qui en est. Car je n'ai pas encore sa réponse. Il se peut que par paresse de faire l'envoi (comme il est sûr d'en trouver ce prix-là) il m'écrive qu'il a vendu. Alors, je compte sur votre habileté de bookworm.

(Connaissez-vous un marchand de cartes-postales artistiques à Paris ?)

Sans parler de moi, vous pourriez, soit en furetant, soit en vous disant renseigné par son catalogue, voir si elles y sont encore, et traiter pour vous, mais toujours moitié à trois mois. Comme il n'aurait pas d'envoi à faire, vous les aurez (par l'autorité aussi de la présence) à meilleur marché, dans les 370. Mais peu importe. Allez, s'il le faut jusqu'à 400. Après quoi, seconde corvée, chercher un emballeur qui envoie le tout en gare de Guéthary par colis postaux. Car la petite vitesse ne va que jusqu'à Biarritz, et revient plus cher, à cause du transport par charroi. Ah, et puis donnez des arrhes à R... et puis télégraphiez-moi à qui et où envoyer 220 francs (mais pas par télégraphe. Il vous annoncera seulement que l'argent est bien parti, par mandat-carte).

Si R... vous dit qu'il a vendu vous pourrez demander si c'est à moi, vérifier un peu l'état, et lui donner mes instructions pour l'envoi par colis postaux. Mais cette lettre vous touchera-t-elle ? Je n'ose y mettre mes quatrains.

Yours.

P. S. Je m'aperçois en relisant votre lettre, que la mienne ne peut vous toucher à Paris. Je vous l'envoie tout de même, parce que si ce R... répond : vendu, je jouerai la chance que vous soyez rappelé à Paris, ou que vous y connaissiez quelqu'un qui

puisse faire l'affaire en votre nom, en cas que R...
ait encore ces Revues. En ce cas, l'affaire traitée, et
les arrhes payés (ce qui entraîne un reçu mention-
nant la vente) il y aurait avantage à faire faire l'envoi
par le libraire (pour 10 francs de plus, si l'emballage
n'est compris) à votre nom, en gare de Guéthary
(j'avertirai le chef de gare). Et je m'imagine la tête
du bouquiniste.

Cette affaire de *Gazettes* d'une part, la fièvre de
l'autre, vous allez me croire un peu fou. Le fait est
que j'en suis comme un hanneton dans l'étoupe, et
qu'un four me désespèrerait. Ces vingt années,
40 volumes, sur les choses qui m'intéressent le plus,
c'est de la lecture, c'est-à-dire du bonheur pour
6 mois.

Quant aux cartes postales artistiques, aucun ami
ne m'a voulu donner d'adresses. Ils répondent :
« Ça n'est pas la peine, je vais vous envoyer ça. » Ils
en envoient 2 ou 3 fois, et, comme il n'y a pas moyen
de les rembourser, il m'est impossible de les pousser
à recommencer. Tâchez d'être plus miséricordieux :
trouvez-moi un marchand intelligent par qui j'aurai
des cartes de meubles, d'ivoires, faïences, tapisseries
et tous objets d'art.

Excusez mon demi-délire.

LETTRE XV

P.-J. Toulet à R. Philipon

Guéthary, le 17 juin 1918.

Monsieur et ami,

Ne tenez pas compte de ce que je vous ai écrit au sujet des *Gazettes des Beaux-Arts*. Un de mes amis que j'ai vu hier va après-demain à Paris, d'où il revient avec des wagons. Il me rapportera les *Gazettes* en question s'il les trouve encore.

Merci mille fois des catalogues (veuillez me dire ce qu'ils vous ont coûté). Celui du Musée est fort bien fait. Malheureusement pas de reproductions de ces belles frises, qui ont été photographiées dans ce *Magasin pittoresque* que vous vitupérez.

Ça va mal, j'espère que vous vous portez mieux que moi, et pas fatigué.

LETTRE XVI

R. Philipon à P.-J. Toulet

18 juillet 1918.

« Don't despair nor die. » L'ouvrage que vous convoitiez est vendu en Amérique, et depuis plus d'un mois, m'a déclaré R... J'en suis désolé pour vous, car j'aurais eu un vrai plaisir à vous donner cette joie. Pourtant, dès le reçu de votre lettre, qui me fut remise à huit heures et demie ce matin, je ne fis qu'un bond de mon lit au quai Malaquais, car j'étais tout juste à Paris pour de bien tristes motifs, mais, par hasard, en bonne santé.

Mon foyer n'a jamais vu d'enfants et ce sont des cousins que nous aimions comme des frères qui ont péri, tués sur leurs pièces de canon. Quatre amis ont ainsi trouvé la mort dans cette même semaine, êtres charmants, le dessus du panier de nos amitiés les meilleures et les plus profondes. Nous sommes tous tristes ici et sans goût pour grand chose. Nous nous rejetons sur les fortes affections qui nous restent, et qui sont la consolation de notre vie.

Je suis peiné aussi de vous savoir malade, dans votre beau lit du temps du premier Empire. Je compatis à vos maux d'autant plus et mieux que je connais moi-même ces heures de misère physique, de dépression et d'énervement.

Voici quelques cartons trouvés chez Derepas, 9, quai Malaquais, mais plus de catalogue. Allez où vous voudrez, demandez telle étoffe, tel livre, une simple plume de fer de telle marque, et, d'un air hautain, la dame ou demoiselle acerbe qui se tient de l'autre côté de la table de vente vous répond invariablement « épuisé ».

On trouve des reproductions d'œuvres modernes chez Druet, 20, rue Royale, mais je n'ai pu y aller, étant rentré tard ce soir.

Je vous quitte pour écrire des choses urgentes mais fort ennuyeuses, ayant mis le sucré avant la soupe. C'est aussi l'image de notre vie, bien souvent. J'aurais aimé vous voir et vous connaître, mais qui donc est son maître en les conjonctures actuelles ?

Je vous tends la main.

LETTRE XVII

P.-J. Toulet à R. Philipon

Guéthary, 27 juin 1918.

Cher Monsieur,

Votre lettre m'a rendu malade ; c'est la seconde
déception de l'année, causée chaque fois par l'envoi
d'un catalogue dont les livres étaient déjà vendus.
Il y avait quinze jours, quand ce sinistre drôle de
R... (dont Balzac eût aimé le nom pour un coquin)
m'a envoyé le sien, qu'il avait vendu ses *Gazettes* à
un Boche par intermédiaire. Les Américains n'en
achètent jamais, mais les Allemands tant qu'ils
peuvent, ainsi que des bouquins, à Paris qui en est
plein. Et R... a dû trouver un moyen de brocanter
avec l'ennemi. Si l'on avait ses reçus, on verrait que
c'est en Suisse, et non en Amérique que j'ai perdu

mes *Gazettes*. A cette fleur du fumier dont vivent les éditeurs et marchands de livres, je joins S..., rue Bonaparte, Sch... et F... de l'Odéon. Si vous en fréquentez d'autres et que vous ayez trouvé le repos d'esprit, ayez la bonté, quand vous y penserez, de me faire envoyer leurs catalogues (Ils n'en ont que trop) et si vous tombez sur une affaire de ces *Gazettes* de 1885 à 1909 inclusivement, reliées de préférence, traitez-la pour moi tout de suite, et sans perdre de temps à m'écrire. Vous voyez à peu près ce que j'y puis dépenser, comptant et à trois mois.

Excusez mon indiscrétion; ce n'est pas une nouvelle commission. C'est seulement dans le cas où cela cadrerait avec vos propres recherches. Les cartes postales (pas cet immonde faux grand peintre de Holbein; celles des arts décoratifs) sont tout à fait ce qu'il me faut, ainsi que des objets d'art du Louvre et de Cluny. Si j'avais une adresse et le prix des cent, je traiterais cela moi-même. Mais Druet? Vous ne me dites pas son numéro. Et ce sont peut-être des photos qui sont trop chères. J'ai à peu près perdu à la guerre tout ce que j'y pouvais perdre. Mais je n'ai pas été assommé comme vous par tant de deuils à la fois.

Croyez à ma sympathie.

P. S. Martineau serait disposé maintenant à publier les *Contrerimes* (cet automne) par souscription, mais sans les *Maximes*. J'ai refusé à Budry de publier la *jeune Fille verte* pour la laisser à Martineau. Je me demande s'il n'aurait pas intérêt à lui passser la main.

La statue de Dempt, sur vos cartes postales, me paraît assez moche et prétentieuse. Qu'en pensez-vous?

Votre lettre m'a ôté toute capacité de travail. Je lis (ou hélas! je relis) des romans d'aventure.

Préférez-vous les quatrains aux pièces? Avez-vous assez du tout pour le faire relier? Il ne reste presque plus rien. A moins que je ne reprenne tous les quatrains, et c'est peu de chose, quant à la place que ça tient, ça fait une petite pièce en quatre strophes que je vous enverrai. Ça ne m'était pas arrivé depuis Brest-Litovsk qui m'avait remis aux drogues..., amour, délice et drogue s. v. p.

LETTRE XVIII

R. Philipon à P.-J. Toulet

24 Juin 1918.

C'est aujourd'hui la Saint-Jean d'été, et, samedi, ce sera la fête de saint Paul ; laissez donc mon amitié vous adresser mes doubles vœux, pour le rétablissement de votre santé d'abord, ensuite, pour celui de vos affaires. L'une et les autres tiennent fort au cœur de vos amis, au nombre desquels vous voulez bien me compter.

Reprenant mes sens, après les tristes émotions de la semaine dernière, qui assombrirent notre vie, j'ai enfin trouvé le temps d'écrire à Martineau au sujet de la publication des *Contrerimes*. J'en suis de plus en plus admirant, et je voudrais tâcher de mener ceci à bonne fin, malgré les grimaces des éditeurs de

Paris, qui sont les gens les plus timorés du monde. Vous ai-je dit avoir déjà six souscriptions à 25 francs l'une — au fond je crois n'en avoir pas d'autres à ce prix, — 4 à 13 francs et autant à 5 francs, dont l'une en vaut deux, par la qualité d'esprit et la situation modeste du souscripteur. Il s'emballa sur quelques quatrains que je lui lus, et se grandit d'autant à mes yeux.

Je suis désolé de vous savoir souffrant, sans rien pouvoir pour vous soulager. Si vous êtes trop fatigué pour écrire vous-même, tâchez de me faire passer un mot donnant de vos nouvelles. Je ne suis moi-même pas très brillant depuis 3 jours, payant les émotions et les éreintements de 2 voyages précipités et d'un déménagement sans déménageurs. Heureusement notre nouveau domicile à Paris est à 4 maisons de celui que nous quittons, par la malfaisance du gérant. Deux concierges, une femme de ménage, la femme de chambre de ma femme et un charretier loué dans le voisinage nous ont fait jouer pendant trois jours le « déménagement » de guignol. Les miracles sont moins rares qu'on le croit vulgairement, car nous n'avons rien eu de brisé, après avoir monté et descendu chacun plus de cinquante étages. Kodak manquait à la représentation.

Je vous écris étant étendu, un des privilèges communs que nous ayons tous deux, vous et moi. Celui
du talent considérable est votre lot, à vous seul, je
l'aime et l'admire de tout mon cœur, sans envie.

A vous.

LETTRE XIX

P.-J. Toulet à R. Philipon

Vendredi.

Il ne faut pas prendre l'argent des artistes sans fortune. Ça porte malheur. Et je trouverai bien un exemplaire pour quelqu'un qui trouve plus de saveur aux quatrains que dans les *Contrerimes*, quoiqu'on aime mieux celles-ci, en général et quand je dis : en général, c'est un bien gros mot pour un public de cent lecteurs, de quoi faire un cleub. Deux hommes qui ont lu du Toulet et qui se rencontrent (d'ordinaire au bar) s'imaginent que cela constitue un aristocratisme, et qu'il n'en faut pas faire lire aux imbéciles — autant dire à personne — opinion où il faut joindre celle des éditeurs et autres bêtes mercu-

rielles qui prennent mes livres pour du vin et les
mettent à vieillir dans les caves, feuilletés sans doute
par les spectres des Catacombes — toutes choses
qui vous expliqueront qu'aucun vivant n'en ait jamais
lu ; et si on les aime mieux, — les *Contrerimes* —,
c'est parce que ce sont, au fond, des romances,
comme les hommes les aimaient déjà du temps que
les Sirènes chantaient : San-anta Loutchi-ia aux
matelots d'Ulysse.

Je ne suis pas très bien, en effet, et la preuve,
c'est que, depuis plus d'un mois, j'ai pris ma plume
en horreur ; pour deux sous, je la donnerais à un
geai. Cette affaire de *Gazettes des Beaux-Arts* m'a
achevé — outre qu'il est venu par là-dessus quelques
ennuis, dont le moindre fut de me réveiller l'autre
nuit dans un lit en flammes. L'électricité ne marchant
pas, j'avais pris une bougie, m'étais endormi, etc.
J'eus heureusement le temps d'éteindre le principal
avant que ma femme ne fût réveillée par le bruit. —
Ajoutez-y un déménagement momentané et des
questions de galette. J'ai reconnu une fois de plus
que le démon Apollyon, au lieu de me reconnaître
comme un de ses fils, me prenait pour celui de Niobé
et me perçait de toutes les calamités de son carquois
sonore.

Mais les quatrains sont meilleurs que les *Contre-rimes*, parce que les vers qui les composent sont des organismes indépendants.

Bien à vous.

P. S. A propos d'Ingres, je pense que l'*Age d'or* est ce qu'on voit à demi drapé dans cette médiocre cheminée de Rossigneux et Denuelle à Dampierre sous le Louis XV, reflété par la glace.

Et M. Ingres voulait que chaque personne ou objet fût dessiné séparément.

Je vois bien que vous êtes aussi mal loti que moi. Si vous étiez sur pied, vous auriez du goût pour l'épithète forte, et au lieu de m'accorder chichement un talent considérable (encore s'il était considéré) vous auriez été d'un bond jusqu'au génie, gagné 4 syllabes et ma confiance à jamais dans la force et la pureté de votre goût. Talent, vous dites ? Peuh !

Avez-vous jamais été à l'île d'Oléron ? C'est moins beau que les Mascareignes ou la Grande Jatte, mais c'est un drôle de pays.

Je ne sais si je vous ai remercié de vos souscriptions, et ça m'ennuie de me relire. Merci au moins pour mes patrons. Car j'en ai 3 — comme disait

Ponchon à propos de toute autre chose, — Saint Pierre étant intervenu pour ma confirmation, je crois; j'allais écrire circoncision, ce qui vous eût plongé dans les plus sombres abymes du doute.

LETTRE XX

P.-J. Toulet à R. Philipon

Cher ami, je nage en pleine neurasthénie, je n'ai même pas eu la force de vous remercier, et de protester contre votre envoi. Je pense que mes commissions vous ennuient et que vous avez trouvé ce moyen d'en éviter d'autres, et je n'oublie pas que je vous dois toujours cinquante francs, ne vous en ayant remboursé qu'autant sur les cinq louis.

En tout cas il me tarde bien d'avoir mes catalogues. Ça me distraira un peu les nerfs. Du reste, vous auriez pu ne pas attendre le vingt-neuf tant j'ai d'anniversaires en juin, naissance, première communion, mariage, etc.

Reçu réponse peu satisfaisante de M... que je ne retrouve pas pour vous l'envoyer. Pas d'engagement possible ; il attend auparavant que je lui fasse une traduction de Troïlus. Bref, c'est moi qui leur ai couru après pour leur offrir ma marchandise. Mais je crains, que si cet enfant de Baruch attend mon manuscrit pour connaître le cygne de l'Avon (id est : Stanley), il ne meure mal averti.

Je voudrais vous recopier des vers, mais je ne sais pas lesquels vous avez reçus.

Serai enchanté d'avoir Davillier.

P. S. Les *Gazettes des Beaux-Arts* c'est de 1885 à 1910 exclusivement, moins 5 ou 6 années que j'ai déjà. Je paierai 25 francs. Qu'est-ce que c'est que les *Arts* ?

Quand vous irez chez votre libraire, qui me paraît aussi borné que la Suisse, tâchez qu'il sache si le *Tour du Monde*, Hachette, et les *Musées de France*, Longuet, Lafayette, 233, ne reparaissent ni ne reparaîtront (je vous l'ai déjà demandé ?) et qu'il me procure des spécimens de revues d'Algérie et de Tunisie, l'inventaire des dessins du Louvre, chez Eggimann, 106, boulevard Saint-Germain, 25 francs marqué. Sch... m'a vendu le premier 22 fr. 50 (quinze de parus).

LETTRE XXI

René Philipon à P.-J. Toulet

Puisque, faute de meilleure pâture, vous vous reje-
tez sur des romans d'aventures, permettez que je
vous envoie le *Nommé Jeudi*, où Chesterton
expose les mystères du *septénaire* sous la forme
d'un roman policier. C'est pour le moins très étrange,
ce mode humoristique de théosophie. Le *Napoléon
de Notting-Hill*, du même auteur est dans le même
genre, et vraiment aussi singulier que le précédent.
Quant aux *Crimes of England*, ils sont trop connus
pour en parler. Pendant ce temps, je lis des voyages,
ceux de Chevrillon, bien écrits et fortement pensés.
Ma femme s'empressa, l'autre après-midi, d'en com-
plimenter le frère de l'auteur, qu'on venait de lui
présenter dans une maison amie...

Et puis, et surtout je lis beaucoup de vers, les

vôtres dont je me délecte de plus en plus : bien sûr, s'il y en a encore dans le fond de votre sac, vous savez qu'ils sont toujours bien attendus, et toujours bien venus, quand ils arrivent. C'est un lieu commun que je ne vous redirai plus. Connaissez-vous la *Louange de la Vie* de Max Elskamp ? Pilon me l'indiqua, je la cherchai longtemps, et je me loue de l'avoir rencontrée, quoique l'auteur ait lui-même trop savouré Verlaine, et pas assez oublié le terroir natal.

Revenant au genre policier, je ne vous répèterai jamais assez.

« D'éviter de Bourget l'affreuse Némésis ».

A sa coutume, et trop souvent, y sont offensés et grand-père et grand'mère. Le Père Desmargerets m'a fait passer quelques bons instants, me rappelant l'ami excellent que nous perdîmes l'an passé, le très érudit abbé Thédenat. Portrait découpé avec tous ses détails.

Retenus dans notre fond de campagne, nous la trouvons assez austère, sans le voisinage ordinaire qui en était un des charmes, et sans moyens de communication. C'est pour cela que je ne pourrai m'occuper de suite de recherches chez les libraires. Cette race n'est pas entièrement dépourvue de

mérite, quand elle vous laisse fouiller sans appréhension dans les casiers où elle dépose sa marchandise.
Ne lui dites donc pas *Raca*.

A vous.

LETTRE XXII

P.-J. Toulet à R. Philipon

Excusez cette vieille feuille avec tache : je n'ai plus de papier, ni d'argent. Ou du moins, j'en ai encore un peu à toucher. Mais je suis persuadé qu'ensuite je ne gagnerai plus jamais un sou. De plus, étant décidés à passer deux ou trois mois n'importe où, mais autre part qu'en ce patelin dont j'ai mar plus que je ne saurais dire, nous avons loué notre villa, pour couvrir notre villégiature. Et la combinaison dont nous étions sûrs ayant naturellement claqué, cette petite spéculation va nous mettre sur la paille. De temps en temps, le diable s'amuse à me donner tout un bouquet d'espoirs et même d'assurances que je vais enfin pouvoir vivre, et mener mon art comme il me convient, débarrassé pour toujours du cauchemar de la misère, cauchemar vraiment terrible pour un homme qui n'a plus ni jeunesse, ni santé. Tout à coup une des fleurs du bouquet se fane et tombe, comme ça, sans raison. Puis c'est l'autre, et l'autre encore, jusqu'à ce qu'il ne me reste en main qu'un balai de tiges sèches. Cette année, le coup le plus terrible fut la mort de Claude Debussy, avec qui, je vous ai dit, je crois, que je faisais une pièce. Mais la perte de l'ami me fut trop cruelle pour me laisser regretter les quelques 2 ou 300 mille francs que cette affaire devait me rapporter.

D'ailleurs, l'espérance m'offrit tout de suite un autre cheval, et je remontai en selle. Ce ne fut bien entendu que pour me rompre le col ; et cette fois le premier son du glas fut donné par mon affaire de *Gazette des Beaux-Arts*. J'aurais eu là de quoi vaincre l'inquiétude et l'ennui pendant des mois. Songez donc : 40 volumes sur les seuls sujets qui m'intéressent aujourd'hui. Et 20 louis, c'était de l'argent. Mais il me faudra les payer plus du double, au détail, et en moins bon état. Je crois que si jamais j'ai 4 sous je les achèterai neufs. Ça coûtera 1200 fr. et 400 francs de reliure. Et cette fois ce sera bien une folie. Car 400 francs ça peut se rattraper avec quelques privations. Mais 1600 ? Pour un pauvre hère, et marié. Ce serait à se faire enfermer.

En attendant je me mange le cerveau, et je suis incapable de travailler. Pour comble, pas un ami ne m'écrit, hors vous. Mais nous sommes l'un à l'autre bien nouveaux venus pour être sûrs d'être amis. Ah, si seulement, l'autre nuit, je ne m'étais pas si sottement réveillé, et avec cet insupportable sang-froid qui ne me quitte que dans les accès de colère. J'aurais été asphyxié tout doucement, et je dormirais sans doute sous les fleurs du cimetière de Guéthary, d'où les morts peuvent voir la mer quand ils font carousse.

Enfin, quand vous irez voir ces infâmes bouquinistes pensez à mes *Gazettes* de 85 inclus, jusqu'à 1909 inclusivement (sauf les années 87, 95, 98, 1907). Traitez sans m'écrire, tâchez que la petite *Chronique des Arts* (le supplément de la *Gazette*) s'y trouve — jusqu'à 30 francs à partir de 1900 inclus — et 25 francs les autres.

Quant aux cartes postales, si vous en voyez, comme je vous ai dit, sur les objets d'art du Louvre, des Arts Décoratifs et du Cluny, 5 francs les 100. Si c'est deux sous n'en prenez au maximum que 40.

Sur les 10 ou 12 idiots à qui j'ai écrit je n'ai reçu réponse que de ceux qui me connaissaient, mais affolés par les supercanons, en sorte que je me suis brouillé avec eux. Seule la librairie Laurens a été convenable, et le R... a daigné m'écrire après votre visite. Je ne sais si vous avez lu *monsieur du Paur*. Il s'y trouve une petite théorie que j'aime assez sur la recristallisation huguenote. La guerre a de même recristallisé nos mercantis en boutiquiers français. A l'idée que je pourrais leur voler 4 fr. 50 ces bouquinistes deviennent pâles ; et s'ils tendent à un inconnu un volume d'une main c'est à condition que l'autre l'ait déjà payé — et même alors ils ne le lâchent que malaisément. Voilà un an que je lutte pour obtenir le catalogue de Babelon au Cabinet des Médailles. Votre libraire, sur votre garantie légalisée, et celle de 3 autres témoins, ne pourrait-il me l'envoyer. Je vous jure que je le paierai.

Il n'y a bien entendu dans cette avalanche de désirs rien de pressé, mais gardez la lettre pour l'interroger un peu quand vous partirez en bouquinade et croyez-moi, mon cher ami, le vôtre.

P.S. Et il me faudrait aussi une liste des catalogues de musées parus depuis 1910. — Une liste... cet homme comprendra-t-il. Et non pas l'adresse de la boutique à Braun ou à Eggimann. — Toute cette racaille me fera mourir.

Je ne connais, je crois, de Chesterton que ses chroniques de l'Illustre L. N. Elles sont ingénieuses, et francophiles à souhait. Chesterton appartient sûrement comme Conan Doyle, et le Kipling d'après la *Jungle*, à ces Anglais éclos sous Edouard VII qui ont tout à coup pris leur pôle philosophique et sentimental à Paris. C'est, je crois, par notre histoire que nous les avons conquis. Rappelez-vous le délicieux *du Guesclin* de la Wite Company. Les pages que je viens de lire de Chesterton m'ont plu (à verse, comme dit Willy), mais cette lecture va m'énerver. Et ce que je cherche (bien sûr par conséquent de ne pas trouver) ce sont des romans de détectives beaucoup plus enfantins, ou de trésors — ces espèces de *Mille et une Nuit* bourgeoises et occidentales dont il y a tant d'exemples dans la collection anglaise à six pence (brochure avec image sur la couvertuure) ; j'en trouvais jadis à la librairie Jeanne d'Arc, place Rivoli (qu'on appelle : des Pyramides). Il y a là dedans un tas d'inconnus Lynch, Fergus Hume, F.-M. White, Oppenheim, Richard Marsh qui a du talent, Conan Doyle (mais je les connais tous) — et un merveilleux roman qui s'appelle le *docteur Silex*. Tout ça c'est de bonnes lectures pour un pauvre diable, qui a la matière grise un peu à vif, illusion désagréable.

Les voyages de Chevrillon sont en effet fort bien écrits (*Marrakech, Revue de Paris*). Mais je n'aime que les vieux voyages depuis Marc Paul, et Monsieur Paul (Paul Lucas) jusqu'à Paul Marcoy.

LETTRE XXIII

P.-J. Toulet à R. Philipon

Juillet 1918.

Pardon, cher ami, je croyais vous avoir remercié des souscriptions — dont j'ai envoyé le montant à Martineau. J'ai reçu aussi les vues de Dampierre, excepté naturellement les deux Ingres. Je regrette surtout l'*Age d'airain*, dont je ne sais rien — ni moi, ni personne. De l'*Age d'or*, j'ai vu des esquisses et des dessins. Il y a aussi une décoration guerrière d'un peintre, mort jeune : Guignet? — Je ne m'imaginais pas l'*Athéné* de Simart dans ces dimensions, qui l'avantagent assurément. — Reçu le tabac, trois fois merci et toute notre sympathie devant ces pertes renouvelées.

Depuis quinze jours, ayant sottement jusqu'au 1ᵉʳ octobre loué notre villa, par une erreur de calcul que notre bourse est en train de payer, nous déménageons, nous caravanons, naufragés enfin à l'hôtel Mayté, à Saint-Jean-le-Vieux, par Saint-Jean-Pied-de-Port (Basses-Pyrénées).

Je suis éreinté, souffrant, les pieds enflés et votre ami.

LETTRE XXIV

René Philipon à P.-J. Toulet

Je vous écris de mon lit, où je suis après une fatigante journée à Paris, discutant — sans résultat — d'importantes et fort ennuyeuses affaires. Mon seul délassement fut d'entrer chez deux ou trois bouquinistes sans complaisance, mais infiniment grognons, et qui paraissaient oublier que j'étais jusqu'à ces derniers mois un client peu important, il est vrai, mais qui ne leur a jamais rien volé. Du reste, ils n'ont jamais rien risqué, ne m'envoyant leurs livres qu'après avoir palpé le montant de mon mandat.

Bref, je n'ai rien trouvé pour vous, ni rien acheté pour moi. Je passai un quart d'heure à l'exposition du Livre, au Musée Galliera, qui m'intéressa, sans plus. La moindre bibliothèque privée contient toujours une ou deux pièces plus curieuses, même modernes, que cet amalgame..... Ce n'est tout de même pas mal pour un temps de guerre.

Avant-hier, par une température horriblement orageuse, j'avais dû aller à Chevreuse débattre mes intérêts chez le notaire, et je poussai jusqu'à Dampierre pour chercher et trouver les résidus des vues d'intérieur du château. Le panneau de la grande salle, derrière le portrait de la feue duchesse douairière et de ses enfants, par Cabanel, est maintenant recouvert d'une tenture de velours grenat avec d'admirables armes, cachant l'*Age d'airain* d'Ingres, peinture seulement esquissée et très abîmée par l'humidité ressortie du plâtre. La dernière fois que je la vis — il y a bien une douzaine d'années — elle était devenue presque invisible et sans espoir de salvation.

A cette petite série d'images, que j'aurais aimé à vous envoyer plus complète, j'ai joint mon effigie faite, il y a deux ans, à la buvette d'Évian.

Quel est le sort de la *jeune Fille verte* ? Vous me direz quel sera l'éditeur, afin que j'en retienne un exemplaire sur papier propre. Celui que fournit l'État a toutes les qualités négatives de son tabac. Du tabac, j'en cherche toujours pour vous.

Croyez à mon amitié.

LETTRE XXV

P.-J. Toulet à R. Philipon

Mon cher ami, reçu les trois paquets de tabac (merci trois mille fois) mais aucune lettre avec. Peut-être arrivera-t-elle au courrier de ce soir.

2° Les cartes de Dampierre. — Je suppose que la *Minerve* de Simart est adossée à l'*Age d'or*. Quel ennui de n'en avoir pas de reproduction, et surtout de l'*Age de fer*, dont je ne connais pas le moindre croquis. Je suppose aussi que le duc archéologue employa, pour ces décorations, qui sont, à la fois, presque toutes étriquées et surchargées — des gens comme Denuelle et Rossigneux. Les pires années pour l'art et le goût français sont 1840-60 — époque du Biédermayer parisien. Avec l'imitation Louis XVI, et surtout Garnier et Carrier-Belleuse, les choses allèrent mieux. Du reste, à Dampierre, les deux grandes demi-lunettes d'Ingres, l'une avec son tapis et ses cimeterres sont d'une noble ligne. Je retrouverai mon texte sur cette espèce de Salvator Rosa qui a décoré une salle à manger. Guignet ? Avez-vous un libraire qui puisse me tuyauter sur les plus frais catalogues du Louvre, statuaire antique, objets d'art Renaissance et Moyen Age — Chaldée (Morgan), etc. Combien faut-il payer les catalogues illustrés des dessins marqués 25 francs et dont j'ai payé le premier 22 fr. 50 ?

Martineau doit venir me voir vers le 5 septembre et m'apporter un traité précis avec Émile Paul pour *Contrerimes*, *trois Impostures* et *jeune Fille verte* dont on me verserait d'avance 2.400 francs. Ainsi votre galette vous reviendra, à moins que vous ne preniez exemplaire de luxe. Mais il y aura, je pense, du plus et du moins.

Bien à vous.

P. S. Je n'oublie pas les vers à recopier. Ma tête va mieux (touchons du bois). Donnez de vos nouvelles.

LETTRE XXVI

R. Philipon à P.-J. Toulet

Merci, cher ami, pour votre aimable lettre. Je me remets difficilement de cette double crise, et maintenant c'est ma femme qui est au lit, suite de fatigues et d'émotions trop grandes. Avec un saint prêtre que je connus, notre faiblesse finit par dire que le « bon Dieu est quelquefois bien contrariant », à notre vue.

Mais je veux néanmoins vous parler de Dampierre, qui vous intéresse, et ceci très justement : 1° J'ai vu l'*Age d'airain* en 1894 et crois l'avoir revu en 1896. Je me rappelle que cette peinture n'a jamais été terminée, et, d'autre part, elle avait été dégradée par le salpêtre sorti du mur, ou toute autre décomposition de l'enduit mural. Elle représentait des scènes de violence, et les corps étaient de cette couleur de bitume qu'on remarque dans certaines fresques de Lebrun ; or le bitume est encore de ces couleurs infiniment dangereuses à employer dans ces sortes de peintures. Bref, on ne tarda pas à recouvrir ce panneau d'une tenture de velours cramoisi à franges d'or, au milieu de laquelle fut suspendu le portrait d'apparat de la feue duchesse douairière de Luynes, vêtue d'une robe de velours noir décolletée. Cabanel l'a représentée assise dans un grand fauteuil avec ses deux enfants à ses pieds. Autour du vaste cadre, d'admirables armes orientales, d'une richesse inouïe. En face la *Pallas Athéné* de Simard se dresse : la statue seule — sans son socle — doit mesurer environ 2 m. 50 de hauteur : les bras, le cou, la poitrine et le visage sont en ivoire, les yeux de saphirs, la bouche en rubis, le collier d'émeraudes. La robe est en argent, le casque en vermeil, la statuette qu'elle tient à la main en or massif.

Le reste de la décoration de cette salle est de mauvais goût ; mais le duc l'a très habilement meublée depuis la mort de sa mère, et en a tiré tout le parti possible pour la rendre habitable. Du temps de la feue douairière, laquelle était peu disposée à des changements, il y avait un affreux banc au milieu, et deux tables aux extrémités, avec des sièges garnissant le pourtour. Maintenant quatre grands para-vents en vieux velours de Gênes coupent les quatre angles de cette salle immense, un piano à queue, des tables de jeu, à écrire, de trictrac, entourés ou pré-cédés de sièges magnifiques et confortables, des canapés dans des coins en font un agréable salon de séjour au retour de la chasse, avant le dîner. Mais tout ceci est bien fini maintenant, et pour longtemps, par cette mort du duc de Chevreuse. Adieux fêtes, réceptions, dîners, les plus beaux que j'ai jamais vus. Le dernier dîner auquel j'assistai dans cette noble demeure fut en l'honneur de LL. AA. le duc et la duchesse de Vendôme, et il restera dans mon sou-venir comme un modèle de bon ton et de bon goût dans la magnificence. Il ne paraît rien de nouveau en librairie.

P. S. Martineau m'a procuré, au prix de 10 francs, un *monsieur du Paur* avec sa première couverture. Je cherche encore un *grand dieu Pan* aussi avec sa couverture primitive, et un *mariage de don Quichotte.*

LETTRE XXVII

P.-J. Toulet à R. Philipon

Saint-Jean-le-Vieux, 3 septembre 1918.

Cher ami,

Vous m'avez donné, rétrospectivement une grosse inquiétude, et j'espère qu'à l'avenir, un peu moins d'agitation et de chagrins, une vie bien réglée vous garderont d'effrayer ainsi votre entourage.

J'avais oublié de vous remercier de votre portrait qui m'a fait grand plaisir n'étant guère possible d'imaginer physiquement les gens.

Pour le moment, vous êtes sur ma cheminée, avec Claude Debussy en attendant d'être enfermés tous les deux avec d'autres amis — car je n'aime pas ces petites expositions chères aux Anglais — et aux mouches. Même sous verre plusieurs photos ne s'accordent pas.

Il y a à Dampierre un portrait par Roslin de la comtesse d'Egemont, la fille du maréchal Richelieu. Le connaissez-vous ? Et cette décoration de Guiguet ou Guignet ? — La *Minerve* de Simart — je vous l'ai peut-être déjà dit — est mieux — à cause de ses dimensions et de sa mise en place, que je ne croyais.

Adieu, ne veux pas vous fatiguer davantage.

LETTRE XXVIII

P.-J. Toulet à R. Philipon

5 septembre 1918.

Ne vous frappez pas, cher ami, pour le petit manuscrit. Quand je veux y copier quelque chose, je le remets tout de suite sur le métier, et non pas vingt fois comme le recommandait Nicolas, mais jusqu'à cent. Après quoi, je reprends en général la première version.

J'espère que vous êtes bien et visiterez bientôt votre libraire. — Ce commerçant voudrait-il, sur votre garantie, m'envoyer les catalogues suivants (Louvre) :

— Catalogue illustré des Antiquités Chaldéennes par Heuzey, 1906, 6 francs.

— Bronzes antiques (N. de Ridder).

— Collection Garnier.

— Catalogue des Meubles xviie et xviiie siècles
  (Migeon ou Molinier). Ça irait dans les 20,
  25 francs.

Pourriez-vous savoir s'il y a d'autres catalogues
du Louvre, récents ? (pas de petits guides généraux) ;

— Un catalogue du Guimet, et combien ?

— Un catalogue du Cluny, depuis celui de 1890
  environ (du Sommerard).

Je vis sur votre tabac ; il n'y en a pas un brin ici.

Nous partons après-demain pour : Baigts (Landes)
par Montfort-en-Chalosse (Château du Pruilhé).

Bien vôtre.

LETTRE XXIX

P.-J. Toulet à R. Philipon

23 novembre 1918.
Etcheberria, à Guéthary.

Mon cher Philipon, êtes-vous malade que vous ne m'écrivez plus ? Pour moi j'ai eu un accès d'amnésie ou de gâtisme, je ne sais, sans compter tous ces bousculements de villégiature dont je ne suis enfin sorti que depuis trois jours pour réintégrer mon chez moi. Merci, un paquet de fois, pour ceux que vous m'envoyâtes de tabac. Mais vous ne m'avez pas répondu pour le catalogue, ce qui m'empêche de vous en demander d'autres. Adieu, je suis tour à tour plein d'espoir ou de fureur selon que je nous vois, ou non, promener en propriétaires sur les deux rives du Rhin, et la gauche surtout, côté du cœur.

Je vous écrirai plus longuement quand j'aurai remis la main sur votre dernière lettre. Je n'oublie pas votre petit cahier. Les changements me retardent.

LETTRE XXX

R. Philipon à P.-J. Toulet

Mais non, mon cher ami, je ne vous oublie pas,
ni ne vous délaisse. J'ai été malade d'un accès
d'humeur chagrine, avec crise cardiaque à la clé ;
et puis, vous sachant souffrant, je craignais de vous
importuner. Laissons donc s'envoler loin de nous
l'oiseau de la mélancolie : pour ma part, une installa-
tion laborieuse ne m'a guère laissé de loisir toute
cette semaine passée, et les ouvriers quittent tout
juste leur travail achevé au soir du sabbat.

Mais je crois que vous n'avez dû recevoir jamais
la lettre que je vous écrivis relative aux catalogues,
il y a tantôt deux mois, sinon davantage : en fait,
j'en ai acheté quelques-uns, en deniers comptants,
mon libraire m'assurant que les affaires se traitent
ainsi maintenant. Si vous en désirez quelques-uns,

ne vous occupez pas de ces bagatelles, je serai heureux de vous les envoyer, et j'ai plus de confiance en vous que les mercantis n'en ont en moi.

Il ne paraît vers ni prose qui vous puissent satisfaire, c'est la faute aux transports, ou plutôt celle du manque de tout ce que vous voudrez. Il en résulte que les loisirs que j'escompte seront employés à recevoir les amis courageux qui viendront me voir, et à relire un peu. Ce sont toujours les relations de voyages qui ont toute ma faveur : je me délecte aux vieux récits de Thévenot, de ce menteur de Paul Lucas ou du véridique Chardin. Il y a là une mine presqu'inépuisable.

Bonsoir, car il se fait tard. Quand vous serez en forme, écrivez-moi longuement.

Vôtre.

LETTRE XXXI

P.-J. Toulet à R. Philipon

Guéthary, 22 décembre 1918.

J'espère, cher ami, que la subtilité propre à votre caractère vous fait comprendre que plus on a d'occasions de remercier et moins on les trouve mérovéennes. Ne pensez pas du reste que ce soit par ingratitude : ce vice m'est tout à fait étranger ; mais non pas la paresse, par accès. Et puis, je suis un peu patraque ce mois-ci.

Le tabac est arrivé sur ma dernière cigarette ; et voilà trois semaines qu'on n'en a vendu ici. Je commence le second de vos paquets, après quoi.... tout ça est bien triste. Je suis en train de tomber malade à propos de la rive gauche, que la France m'a l'air d'être prête à abandonner. Au moins si nous prenions jusqu'à la Moselle avec Coblence et une enclave comprenant Aix-la-Chapelle. Mais cette terrible micromanie française.... et qui va nous faire rouler par l'Angleterre, sinon à propos de la Syrie (elle n'oserait pas), mais pour la Palestine et l'Afrique orientale allemande et l'Arménie avec Adana et les Samoa, etc., etc. Je suis en outre exaspéré contre le Pape; je croyais d'abord que c'était la faute à son entourage. Mais non, aussi je me sens devenir gallican et je ne suis pas le seul.

Le catalogue est un fort beau livre et, pour mes étrennes, je l'accepte. Mais, je vous en prie, restons-en là. Je serais obligé de renoncer à votre intermédiaire. Or, il me faut le catalogue de la collection Garnier et tous ceux qui ont paru. J'entends de vrais catalogues complets. Je ne veux ni abrégés, ni guides. Celui de la Bibliothèque Nationale et celui des meubles du Louvre (surtout celui des meubles), voilà ce que je veux : de véritables inventaires. Ce dernier est de Braun pourtant ; celui de la Bibliothèque Nationale (Cabinet des Antiques), de Leroux.

Je vous avais demandé en communication, non pas des exemplaires de l'éditeur, mais ceux que vous

m'aviez dit avoir achetés. N'y a-t-il pas un catalogue
un peu récent des Antiques du Louvre ?

A vous.

P. S. Voulez-vous que je vous prête d'autres
Marges, où j'ai écrit? J'avais, à la même époque,
fait de la critique d'art pas trop mauvaise dans la
Revue critique. Mais elle m'a remercié du jour où
elle s'est mise à payer. Vous devriez bien me trouver
une revue qui me commanderait de cette étoffe
(pas gratis) ou de la critique littéraire étrangère
(les quatre langues voisines).

Est-ce que vous ne recevez pas la *Revue de Paris*
ou *d'Edmonde* ? Vous seriez bien gentil de me la
prêter. Le *Correspondant* a de bonnes choses, mais
trop de mauvaises.

Je ne tiens pas à garder *M. Vendredi* de Chesterton ? Voulez-vous que je vous le renvoie ? Rien
de décidé encore pour l'édition de luxe, ni pour
Gémier. On a déjà annoncé à Paris que Gémier
allait jouer mon adaptation — avec la musique
de Debussy... hélas, il n'en avait pas écrit une ligne
à ma connaissance. Et qui le remplacera? Croyez-
vous que Rabaut (Marouf) a un génie qui s'accommo-

derait du sujet ? J'avais pensé d'abord à Ravel que
je connais et apprécie, mais il me semble justement
qu'il ne serait pas très adéquat ou je me gourre.

Sur quoi, je mets les cannes.

Votre ami.

LETTRE XXXII

R. Philipon à P.-J. Toulet

Soir de Noël.

Surtout, ami, n'allez pas imaginer que je suis un
quêteur de remerciements : quand on veut bien
accepter quelque bagatelle, tout le plaisir est pour
moi. Encore faut-il que l'envoi arrive, car tant de
choses se perdent, et parfois une réclamation énergique et opportune fait récupérer l'objet égaré.

Je n'ai pas besoin de vous dire qu'à part ce vilain
soupçon, toute votre lettre fut joie pour moi. Nos
atomes crochus se sont une fois de plus rencontrés,
et sur le terrain si brûlant et glissant de la politique.
Oui, oui, je suis Action française et jusqu'auboutiste ;
mais papiste aussi, et enragé sur cette question, qui
me fait voir rouge, surtout lorsque passionnément je

la discute avec ceux que j'aime. Au reste, c'est très mauvais pour ma maladie de cœur; nous parlerons catalogues, si vous le voulez bien.

Je vais mieux, je me lève même, mais sans mettre le nez à l'air de quelques jours encore. Néanmoins j'ai écrit à mon libraire ordinaire de me faire tenir les catalogues des collections Visconti et Garnier, annoncés chez Hachette. Mais sont-ils parus?

Pour en venir à votre pièce chez Gémier, je pense, comme vous-même, que le génie de Rabaud cadrerait mieux avec le vôtre que celui de Ravel. Marouf est une très belle chose, et votre amitié pour Ravel ne m'empêchera de comparer les œuvres de ce dernier à sa personne, c'est-à-dire que je les trouve toujours un peu étriquées.

Un autre jour, je vous parlerai de Vertcœur, avec la faiblesse d'un auteur gâté par des amis trop indulgents. Vous en aurez donc l'idée la plus fausse du monde, comme de toute chose décrite et non vue.

Bonsoir, cher ami. Que s'écartent les fantômes mauvais, et que votre génie (daimon) vous illumine.

Votre affectueux.

LETTRE XXXIII

P.-J. Toulet à R. Philipon

Guéthary.

Ne m'envoyez pas s'il vous plait, ni Gourmont, ni
le catalogue Visconti, que j'ai déjà. Mais prenez-le
pour vous, c'est avec celui des meubles que vous
m'avez envoyé, ce qui s'est fait de mieux, depuis le
groupe ancien des Villot, Reiset, Tauzia. — Mais
oui, Garnier, s'il a paru. Peut-être est-on décidé à
en faire ou refaire sur l'Islam, la Chaldée, les Antiques, les acquisitions égyptiennes depuis 20 ans, les
Arts Décoratifs, etc. — Dinet est banal jusqu'à devenir sinistre.

Je voudrais voir les Van Dongen. On m'a montré
l'autre jour près de 100 Cézanne garés à Guéthary,
ce qui est bien extraordinaire : un très bon avec de

belles taches absorbées en soi, — une douzaine
intéressants ou un peu plus. Le reste ennuyeux ou
affolant — mais surtout ennuyeux, rien ne valant la
Partie de Cartes, Camondo, ou le si beau paysage
de la Caillebotte.

Oui, si Garnier marchait, ce qui est douteux, je
serais bien de votre avis pour la musique — et excu-
sez-moi de n'avoir pour Perosi qu'une admiration un
peu gallicane.

Content que vous alliez mieux, mais moi pas du
tout. Le temps affreux qu'il fait, et quelques soucis
momentanés me rendent malade.

La photo de Bartholomé est une image sublime.
C'est un grand artiste celui qui accouche le natura-
lisme de symbole idéaliste qu'il contient. Il suit
d'ailleurs un procès inverse de Rodin, mais le même
que Pigalle. Il modifie de moins en moins le réel,
étant assez maître de soi pour ne lui pas sacrifier le
vrai.

Bonne année — et friendly yours.

LETTRE XXXIV

R. Philipon à P.-J. Toulet

Je vous envoie aujourd'hui un petit paquet contenant cette folie le *dit du Monde*, pensant que vous
aurez la bosse qui en peut saisir le sens ; quand vous
me retournerez ce tissu d'extravagances, j'espère
que vous me direz votre jugement. J'y joins un exemplaire des *Hymnes* de Gasquet, que je vous prie
d'accepter et garder, ce sont des calligrammes que
j'aime et dont j'apprécie fort certains passages.

Ayant pu sortir un jour, j'ai été pour visiter les
expositions Druet et Van Dongen ; toutes deux
étaient finies de la veille au soir, déménagées et
remplacées du matin même. Toutefois, chez Devam-
bez, il y a des pièces magnifiques d'art moderne,
dans tous les genres. C'est toujours le meuble dit
meublant qui laisse à désirer, laid, incommode,

inconfortable, et, de plus, cher comme poivre. Il n'y
a décidément que les Anglais qui aient réalisé le
problème d'unir le pratique à la forme non déplaisante. C'est peut-être même en cherchant seulement
le premier point qu'ils ont rencontré l'autre. Dans le
bibelot nous sommes maîtres, avec une filiation
orientale ou autre évidente qui n'exclut pas la personnalité de l'artiste : Dunant, avec ses vases de
métaux incrustés rappelle l'art turc, les Massoul avec
leurs poteries bleues émaillées font penser aux admirables turquoises de la Chine et de la Perse.
Rivaud a étudié l'art étrusque dans ses bijoux, Drésa
ne laisse pas oublier les maîtres vénitiens du
XVIIIe siècle ; ni Domergue, ni Driant, Watteau et les
petits maîtres de la Régence. Au demeurant, qui
donc est affranchi de toute ascendance : l'admirable
Debussy a sûrement étudié Monteverde et Scarlatti.
Mais ces parentés plus ou moins lointaines, ces manières de parrainages n'ôtent rien à la gloire ni au
charme des nouveaux venus dans la carrière : le
discours final d'Hans Sachs, *Ne dédaignez pas les
Maîtres*, est saisissant. Que n'a-t-il pas fait pour
Walther, le charmeur d'oiseaux ! Pourtant, après
avoir tout donné à ce libre chanteur, il lui rappelle
les droits et les bienfaits de la tradition : et, au fond,

c'est bien Hans Sachs qui, en secret, a mis au point, dans son atelier, le chant de maître de Walter, en lui enseignant les grandes règles de l'art.

Addio, carissimo. Ne m'oubliez pas complètement, et croyez à mon affection.

LETTRE XXXV

P.-J. Toulet à R. Philipon

Guéthary, 6 Janvier 1919.

Cher ami, vous me faites bien plaisir à chaque fois que vous m'envoyez du tabac. Cette herbe devient de plus en plus rare. Merci aussi de ces deux livres. Les *Dicts* sont prétentieusement idiots ; au lieu que M. Gasquet est un vrai poète. Aussi ne lui ferai-je pas l'injure imméritée de le comparer, fut-ce de loin, à cet obscur joueur de mirliton. Je n'y trouve pas moins un défaut qui me paraît peser beaucoup chez les poètes : c'est d'être trop long. — Alors je le trouve un peu trop beau pour le garder. Ne pourriez-vous pas me le changer chez votre libraire ? Le *Courbet* de Duret, par exemple, si ce n'est pas plus cher, ou n'importe quoi illustré, et touchant les arts.

J'en ai un tas à vous renvoyer, outre les *Marges*. Et je serais honteux d'être si en retard si ma fichue santé n'avait malheureusement une répercussion sur ma volonté, qui s'affaiblit de plus en plus.

C'est dommage que vous n'ayez pas vu les Van Dongen. Quand à l'art décoratif, je suis, hélas, de votre avis pour les meubles. Les objets d'art, c'est une autre affaire, et il n'y a peut-être jamais eu d'époque aussi brillante. Mais les imitations ne sont qu'une imitation tout à fait superficielle. Songez aux bibelots chinois en vernis Martin, sous Louis XVI, et à l'effort décoratif de la fin du Second Empire. On était persuadé qu'on ne faisait que des plagiats divers. Et aujourd'hui nous nous rendons compte qu'il y a un style, même Second Empire, qui commence à l'architecte Rossigneux. C'est lui, je crois, qui a décoré Dampierre, autant que j'en puis juger d'après vos cartes postales. Un jour viendra qu'on distinguera l'originalité et l'unité du style actuel.

Mais ne me parlez pas de bibelots anglais. Ils sont aussi laids et lourds qu'incommodes. Pensez aux meubles de chambre à coucher victoriens en argent ciselé. Quelle horreur ! Leurs grands fauteuils en acajou sont très beaux. Mais ce n'est qu'une imitation sans rien de personnel des fauteuils de bord créoles, qui sont eux-mêmes un succédané des fauteuils hindous. Mon enfance en a été pleine, car nous vivions à Maurice, depuis Louis XIV (ma trisaïeule était une Corday, une cousine de Charlotte, et par conséquent une descendante du Grand Corneille). De tous les déménagements, ruines et partages, j'ai gardé le fauteuil du bailli de Suffren en bois de teck, qu'il avait laissé, en quittant l'Ile de France, à un de mes pères.

Gémier, décidément, ne joue pas *As you like it,* au moins pour le moment. Il m'en a fait des compliments, mais il ne le trouve pas assez scénique. Quand à l'édition de luxe, plus de nouvelles.

Je continue à espérer un journal ou bien une Revue, où faire de la Critique d'art, ou de la Critique littéraire étrangère. Ne me trouverez-vous jamais ça? Et quand viendrez-vous à Guéthary? La dépense m'écarte de Paris.

Quand est-ce qu'on pourra ravoir des romans anglais à détectives, à six pence ? En avez-vous anglais ou français ? Je voudrais me procurer des Paul Févaux (pas le *Bossu,* mais le 1ᵉʳ volume des *Habits noirs,* les *Mystères de Londres,* les *trois Hommes rouges*). J'ai peur que ce ne soit très cher. Certains Gaborials que n'ai pas : la *Dégrin-*

golade, la *Clique dorée*. Quand je ne suis pas bien, j'ai besoin de cette nourriture imaginative. *Rouleta-bille chez Krupp*, dont me parle mon neveu ?

Adieu, portez-vous mieux que moi.

P. S. Est-ce que vous recevez la *Revue d'Edmonde ?* ou la *Revue de Paris* ? Est-ce que le *Tour du Monde* a recommencé ?

Votre libraire pourrait-il me renseigner sur les revues et les journaux coloniaux ?

Je vous donne un an pour répondre à ces *quel-ques* questions.

LETTRE XXXVI

R. Philipon à P.-J. Toulet

12 février 1919.

Mon cher ami,

N'allez surtout pas confondre indifférence et indolence : ce dernier vice est la seule cause de mon silence. Des frimas obstinés, hostiles me retiennent au coin du feu, catonné comme un vieux chat maigre, et je ne suis sorti qu'un seul jour, juste pour rencontrer au coin d'une rue, et dans un quartier désert, votre neveu et filleul, qui est l'homme le plus répandu de Paris. Je l'ai revu dimanche soir, quand il est venu partager notre thé d'après-guerre, et nous avons ensemble et largement parlé politique, politique internationale. Le poste qu'il occupe au quai d'Orsay est des plus instructifs, et je ne puis que le féliciter d'y avoir été appointé. Le laconisme des communiqués cèle les plus fâcheuses divergences du monde, donne issue à mille racontars, dont malheureusement certains d'entre eux ne sont que trop exacts et trop fondés.

Naturellement les fortes paroles de Foch et de Clémenceau, proférées à un moment si critique, ont un retentissement considérable dans le public. Les affaires déjà peu brillantes auparavant, sont complètement arrêtées. Il ne paraît aucune nouveauté en librairie, et on vit sur son fond. Donc je relis, et le goût des images se développe aussi chez moi, un peu grâce à vous, mon ami. J'ai déniché dans quelques coins, de vieux livres romantiques, avec ces vues exactes, quoique stylisées et un peu sèches par leur procédé, ornés de paysages helvétiques ou autres, dans un certain ouvrage datant de 1826, deux gros volumes sur l'histoire de Paris de 1840, aux pages couvertes de taches de rousseur et ce relent étrange de papier moisi, de pétales de roses desséchés, de salon de campagne longtemps clos...

Pendant ce temps, il paraît que les gens dansent et contredansent, les femmes dans des costumes d'un Directoire rénové, et la salle de l'Opéra ressemble à une vraie baignoire. Je n'y ai pas encore mis les pieds, non par pruderie, mais à cause du froid persistant et du manque de véhicules. On manque aussi de charbon, de café, de mille autres commodités, surtout depuis que fut signé le premier armistice. Les *Ecrits nouveaux*, attendus sans patience par les abonnés, se morfondent sur quelque quai de gare, lointaine ou proche. Vous seriez le plus aimable du monde, en me retournant le *Dit des jeux du monde*, de vouloir bien insérer dans le paquet les numéros des *Marges* contenant votre prose, de laquelle je veux perdre le moins possible. Je profite de l'occasion pour vous rappeler de me faire souscrire à tout ce qui paraîtra, signé par vous, à Lyon ou ailleurs.

Ma main presse la vôtre.

LETTRE XXXVII

R. Philipon à P.-J. Toulet

14 février 1919.

You are the nicest and kindest man in the world, mon cher ami, je n'en veux pour preuve que l'envoi que vous me fîtes de ce lot des *Marges*, lequel me fut remis tout juste hier au soir. Incontinent, je rompis les scels et ficelles, et me jetai sur vos rimes, contrerimes, dizains, entr'actes, les lisant, relisant, et m'en délectant. Déjà je connaissais bon nombre de ces vers que vous m'aviez fait tenir manuscrits ; mais autre le plaisir de les lire sous votre fine écriture, autre celui de les voir imprimés. Bref, je vous adresse deux mille mercis, pour tout le plaisir que vous m'avez fait. Il y a des numéros en double, me permettez-vous de les garder définitivement? Les autres vous seront retournés sous peu.

Le froid a cédé, et la pluie est venue, ou plutôt revenue, incessante et menaçante. Le quartier de Paris où est situé notre maison est paisible, mais menacé bien souvent par l'inondation, ce qui fait que « notre conversation est dans les cieux », dès notre réveil.

J'ai pu acquérir d'assez beaux catalogues in-folio de diverses collections, Dieulafoy, antiques, avec de remarquables héliogrammes. Imaginez-vous que je ne puis loger ces deux douzaines de redoutables bouquins dans notre pied-à-terre, qui est fort exigu, ni les expédier à la campagne, faute de moyens de transport. On refuse systématiquement tout colis de ce genre au chemin de fer, et le messager a suspendu ses voyages.

Le Louvre a rouvert quatre salles, je crois, et je pense y aller prochainement m'y chauffer, car on trouve du charbon pour les gardiens de musées. Le Petit Palais est fermé pour cause de toilette intérieure et de remise en état. Quand j'aurai vu, je vous conterai mon impression.

En attendant, je vous serre la main.

LETTRE XXXVIII

P.-J. Toulet à R. Philipon

19 février 1919.

Mon cher ami, j'ai eu une congestion ces jours-ci, qui m'a laissé idiot, et de vils flatteurs prétendent que cela m'a notablement changé. Mais ce n'est pas pour vous faire part de cette ressemblance avec H. Bordeaux que je vous écris. C'est pour que vous gardiez ces revues (les *Marges*) jusqu'à ce que je vous les réclame. Et que je vous rendrai vos livres (l'*Homme jaune*, Gasquet, etc.) quand je serai mieux, si jamais je vais mieux.

Bien vôtre.

LETTRE XXXIX

P.-J. Toulet à R. Philipon

Mon cher ami, ça ne peut pas aller comme ça, si vous choisissez pour ne pas m'écrire le temps que je suis malade. Une grippe légère m'a rendu visite, et vos lettres la distrairaient, ainsi que ces catalogues. Envoyez-m'en le plus possible : je vous renverrai ceux qui ne me chanteront pas.

On m'a écrit d'une société de Bellecour (bibliophiles lyonnais), pour imprimer à 100 exemplaires ma traduction d'*As you like it* (celle que j'avais faite pour Debussy) illustrée par Lepape. Mais ce n'est pas une translation : c'est une adaptation en sorte que j'attends leur réponse. Volume à 100 francs, je pense.

Le voyage de Paul Lucas (*monsieur Paul*) m'avait amusé. Il y a là dedans un vieux mage à la

Balsamo ou à la Zanoni. De Marc-Paul, je sais peu de chose, mais je vous recommande de nouveau *M. de Tournefort*. Cet illustre botaniste a fait un tour dans les îles grecques. La première édition, sinon la seule est belle, avec de belles gravures. Il y a tout ça au dépôt de la Marine, rue de l'Université (ou Saint-Dominique) et on me les prêtait autrefois.

A part ça, on doit éditer à la Sirène (12, la Boétie) Pierre Laffitte et Cantinelli, bibliothécaire à Lyon, d'abord les *Ombres chinoises*, illustré par Dunoyer de Segonzac, et puis *As you like it* ou le *Souper interrompu*, que je préférerais, l'autre pouvant auparavant passer en revue. Mais je crois vous avoir dit tout cela. Au risque de rabâcher, je me risque à ce prospectus. Rien de signé d'ailleurs[1].

Aimez-vous les manuscrits ? Je pourrais vous donner celui d'*As you like it*. Mais (il y a toujours des mais avec les Béarnais, qui ne donnent jamais vingt sous sans en retenir un), mais il faudrait à l'occasion que vous le fissiez recopier. Si c'est pour un imprésario, il faut, je crois, que ce soit à la main, sur un cahier. Tradition.

---

1. Ces projets, comme beaucoup d'autres d'ailleurs, durent être abandonnés peu après.

H M.

Il y a chez vous des intérieurs de dessus de che-
minées charmants, d'un goût parfait. Rien de nos
tymboriches.

Avec l'art en moins, je revois les vieilles maisons
des champs de mon enfance. Il semble aujourd'hui
que personne ne descende plus de personne, hijos
de ninguno.

Amicalement beaucoup.

LETTRE XL

R. Philipon à P.-J. Toulet

Mon cher ami,

Vendredi, me croyant mieux portant, j'allai au Louvre, visiter la salle où se trouvent réunis, et dans un arrangement agréable, les legs, dons et achats faits pendant la guerre : Il y a une série de seize dessins de Claude Lorrain, et provenant de la collection Haseltine, vraiment hors pair. Les miniatures persanes sont surfaites, car j'en sais de plus belles. Quelques beaux tableaux, une collection de montres précieuses du XVIe siècle, quatre ou cinq vitrines de petits antiques complètent cette salle. La Chine et la Perse sont représentées par des pièces qui ne sont point de premier ordre, pas plus que les laques et himos du Japon, sauf une petite boîte carrée, pièce de choix, et un admirable paravent à 4 feuilles, peint sur papier, et qui m'ont enchanté.

Le lendemain, nous assistâmes à la merveilleuse, l'unique représentation de la *Mégère apprivoisée* sur le théâtre particulier de notre voisine la comtesse de Béarn. Gémier fut étourdissant et parfaitement encadré. Je profitai de la circonstance pour lui exprimer mon regret qu'il n'ait pas monté *As you like*. Il paraît que ce n'est pas scénique, mais je n'en crois rien.

Le lendemain dimanche j'étais au lit et ventousé. Pour me consoler, mon épouse alla hier lundi m'acheter chez Wannieck, un certain vase Céladon presque blanc, de l'époque Ming, avec palmes sans couverte, ton sur ton, lequel est une merveille. J'ai la manie des monochrômes chinois, qui sont malheureusement devenus inaccessibles, en sorte que j'ai peu de pièces, et j'ai dû me satisfaire de les avoir petites.

Je ne vous cache pas que les choses d'art détournent mon esprit des colères que me causent les affaires politiques.

Addio, carissimo. J'ai pu avoir, du front, un peu de tabac qui vous a été envoyé il y a trois jours.

Croyez à ma sincère affection.

LETTRE XLI

P.-J. Toulet à R. Philipon

Oui, il y a de belles choses du temps des Ming,
celles que vous aimez justement, des vases tout nus
qui ne valent que par le galbe et le matériau, mais
c'est exceptionnel.

Les bibliophiles de Lyon, qui devaient imprimer *As
you like it*, ont changé d'idée (ou plutôt leur dessi-
nateur), et pris un Musset. Si ça ne vous fait rien,
j'attendrai quinze jours pour vous renvoyer vos
5 louis, et comme l'argent en pays basque est à gros
intérêts, j'y joindrai 10 francs sur les 12 des catalogues, dont j'espère que vous m'enverrez d'autres.
Celui d'Heuzey (ne vous l'ai-je pas dit) est bien fait,
à l'antique mode. Les autres sont plutôt des guides ·
et des abrégés. Quels qu'ils soient, sauf trop élé-
mentaires, il me les faut.

Peut-être cette buse d'Haraucourt, s'est-il décidé à remplacer celui de Cluny qui n'a guère, pour le fond, que 8 lustres. Pour ces belles planches chinoises, je m'en tiens à ce que j'ai dit. Il n'y a guère que du bibelot indigne de la gravité de l'art des Han et des suivants. Je n'aime guère les jade dont j'ai vu les plus beaux du monde au musée d'Hanoï, venant du Palais d'Hiver.

Ne vous plaignez pas des chansons anticléricales, on n'en faisait plus vers 1800, époque singulièrement irréligieuse.

LETTRE XLII

P.-J. Toulet à R. Philipon

Guéthary, le 13 mars 1919.

Cher ami, surchargé de besogne, affaires d'éditeur
— le *Souper interrompu* doit paraître à la Sirène,
illustré par Dunoyer de Segonzac, qui a été cubiste,
et qui a beaucoup de talent, mais dont je n'ai plus
l'adresse. Pourriez-vous me la procurer ? Et à la
même Sirène, les *Ombres chinoises.*

Les *Contrerimes* à l'impression, je revois la *jeune
Fille verte.*

Comment allez-vous ? Moi, pas trop mal, mais la
tête un peu lasse.

Renvoyé ces 2 livres, auxquels je croyais que vous
teniez (je regrette bien le postage) — et Gasquet
parce que ne l'aimant pas, il n'est pas utile que je

garde un si beau livre ; je me console avec ces admirables illustrations d'un texte médiocre sur le Louvre, que vous m'avez envoyées. Il ne se passe pas de jours que je ne les feuillette.

Pouvez-vous me procurer le catalogue des Antiquités Chaldéennes (Heuzey), 8 francs — Collection Garnier qui vient de paraître. — Le catalogue des bronzes antiques, s'il ne dépasse pas 5 francs. — Le catalogue du Petit Palais, le volume art moderne, et non pas celui de la Collection Dutuit. — Si vous en envoyez beaucoup d'un coup, n'attendez pas que je vous rembourse tout de suite. Je suis retombé dans une affreuse mouïse.

Les bolcheviques ne m'intéressent pas (il y a entre la France et eux une marge de 125 ans) mais oui bien la Syrie, la Palestine, et la Rive Gauche du Rhin.

Votre ami.

P. S. Cher ami, je m'aperçois que je ne vous ai remercié ni de ce tabac de bénédiction, ni de ces belles photos qui me donnent envie de voir les originaux.

Votre portrait est assurément beaucoup plus beau que la carte postale, mais il doit vous vieillir.

LETTRE XLIII

R. Philipon à P.-J. Toulet

17 Mars 1919.

Mon cher ami,

J'allai avant-hier matin à « la Sirène » pour avoir l'adresse de Segonzac et j'arrivai bon deuxième, Cantinelli y étant passé la surveille, de votre part et pour le même motif. Nul, pas même Cocteau, ne connaît cette adresse, mais on va la rechercher. Je ne crois pas que Dunoyer de Segonzac ait jamais été cubiste ; j'ai un album de croquis, paru il y a environ 7 ans, représentant des lutteurs, Isadora Duncan, au trait de crayon et sur japon mince ; ce n'est pas sans mérite, du moins tel il me semble, et c'est pourquoi j'ai encore de ce même artiste son petit album sur

Shéhérazade, « à la Belle Edition ». L'un et l'autre sont archiépuisés et introuvables.

Dans l'après-midi, je fus au Louvre, où je pris les catalogues que vous désirez. Dès que le catalogue du Petit Palais, demandé chez mon libraire ordinaire, sera arrivé, si toutefois on le trouve, je le joindrai aux *Marges*, que vous avez bien voulu me communiquer; il sera fait du tout un colis-postal à votre adresse. J'ai profité de mon séjour dans le vieux palais de nos rois pour retourner à la salle Lacaze, — actuellement consacrée aux legs et dons faits pendant la guerre — et admirer, encore un coup, les 16 merveilleux dessins de Claude Lorrain, provenant de la collection Haseltine, qui en possédait 40. Je recherche même le catalogue que le dernier possesseur avait fait faire à grands frais, et dont on dit les reproductions admirables.

Jamais le Louvre ne m'était apparu si beau, si riche; sur mon chemin, je ne pouvais m'empêcher de m'arrêter à tout instant dans ce peuple de statues, de bustes, de colonnes, et quoi qu'on en dise, — traitez-moi de barbare — la sculpture romaine du temps des premiers empereurs m'a semblé bien belle. Evidemment, on ne peut la comparer à la statuaire grecque de la grande époque, ni celle-ci à l'art égyptien du temps de la mastahbah. N'importe, nos yeux déshabitués de notre incomparable musée, en ont regardé toutes les merveilles retrouvées avec un grand amour.

Il y avait dans les salles une cohue sans nom ; d'énormes « Paulines » automobiles déversaient à chaque instant des troupeaux de soldats américains, conduits par des cornacs leur expliquant la valeur marchande des principales pièces. Les amis des belles choses étaient perdus dans cette foule prodigieuse, qui faisait regretter les petits voyous se chauffant jadis sur les bouches de chaleur. Et à cette époque, je m'indignais qu'on laissât entrer cette lie !

Paris est plein comme le Louvre : les logements sont introuvables et d'un prix exorbitant, comme toute chose, au demeurant.

Addio. J'enlève ma plume, et vous laisse mon amitié.

LETTRE XLIV

P.-J. Toulet à R. Philipon

20 Mars 1919.

Mon cher ami,

Fatigué, — 4 mots. — Pourquoi vous donner le tracas de renvoyer ces revues? A moins qu'elles ne vous encombrent, attendez que je vous les réclame.

Avez-vous vu mon neveu? J'attends les catalogues avec une fiévreuse impatience. Celui d'Haseltine vous coûtera bon. Ce n'est pas 32, mais 38 dessins de Claude qu'il avait. Et tous ont été achetés pour le Louvre (« Amis du Louvre » dont vous faites partie, j'espère, sinon il faut vous y mettre), qui ne les expose pas tous.

Je serai peut-être obligé d'aller à Paris, ce printemps. Ça tiendra à ma bourse. J'en profiterai pour me faire une opinion sur le possible Vinci, et le pseudo Sansovine qui serait de Michel-Ange jeune, de Schlichting. Et j'ai envie de voir les Breughel et les 2 Sœurs de Chassériau.

Les dessins de Segonzac sur *Shéhérazade* furent faits pour illustrer un article de moi, pas trop mauvais, de la *Grande Revue*. Je sais sûrement qu'il fut cubiste 2 ou 3 ans et puis cessa de l'être.

A vous.

LETTRE XLV

R. Philipon à P.-J. Toulet

26 mars 1919.

Mon ami, le colis contenant les *Marges* et les catalogues était ficelé et scellé, quand votre lettre est arrivée. Mais il n'est parti qu'hier, faute de personnel pour le porter au bureau, car nous avons en tout, à Paris, deux femmes de service qui se partagent la cuisine et le ménage. Impossible mettre la main sur le catalogue du Petit Palais. Pour le reste, j'ai fait au mieux.

Voici donc éclos le printemps, qui se manifeste par un redoublement de froid, de pluie et de vent, désordre des éléments tout semblable à celui de la célèbre conférence, laquelle sombre dans l'impuissance et le ridicule. Pendant ce temps-là, la Russie, se regroupe autour de son nouveau monarque, et de sa nouvelle aristocratie, — dans le sens antique. — Voici Lénine promu tyran, à la manière de Machiavel, et qui deviendra, gageons-le, un bon tyran sur ses vieux jours...

Vous ne sauriez imaginer mon peu de patience à vous espérer, puisque vous m'écrivez devoir venir bientôt. Mais ne vous attendez pas à voir des choses miraculeuses; en tout cas, ne manquez pas d'apporter un lambeau du ciel bleu dans votre valise.

Addio.

LETTRE XLVI

P.-J. Toulet à R. Philipon

Bonjour, comment allez-vous ? Moi, pas trop mal.

Je vous envoie des chansons que vous m'avez demandées, je crois, à moins que vous ne les ayez reçues de la main de ma femme. Elle prétend que vous êtes vexé que je veuille changer ce livre, je suppose que votre amour-propre n'exige pas que je sacrifie mon goût des livres d'images à votre goût des livres de vers.

Si vous pouvez m'envoyer un peu de tabac ou de cigarettes caporal, vous ferez charité. Voilà trois semaines que cette côte est réduite à l'affreux tabac espagnol.

Que fait donc mon neveu, au lieu de s'occuper de mes catalogues ? Si vous le voyez, veuillez lui laver la tête. Je suppose qu'il joue un rôle de contre

larbin ou de porteur de limonade à cette Conférence,
à moins qu'il ne porte la queue du sieur Bourgeois —
bourgeois n'est pas trop fort — cet homme si bête
qu'il confond la sérénité avec la serinité. J'espère
que ce petit ne va pas s'amuser à y croire. Une
cruche n'a de prix que si on y met du vin.

A vous.

LETTRE XLVII

P.-J. Toulet à R. Philipon

Guéthary, 3 mai 1919.

Cher ami,

Ce mélange de mauvais temps et de mauvaise politique me détraque les nerfs.

Rien de décidé pour la Sirène. Mais mon volume de vers et celui des *trois Impostures*[1] vont paraître en juin, dont je suis satisfait, et la *jeune Fille verte* en novembre. Je vous ai copié, je crois, les quatrains, mais non les dizains, ni l'*Alchimiste* (*Satan, notre meg a dit...*) ni peut-être les *Romances* (les *Aliscams*, les *trois Dames d'Albi*, etc.).

---

1. Les manuscrits des *Contrerimes* et des *trois Impostures* avaient été remis à l'éditeur le 15 novembre de l'année précédente. On sait qu'il a fallu la mort de l'auteur pour les voir enfin paraître, de longs mois après.

Ci-joint 50 francs sur 110 ou 112 que je vous dois.

Etes-vous partis pour le délicieux Tarascon ? La ville et les œuvres qu'y laissa le passé m'intéressèrent beaucoup. Mais j'y fis connaissance avec le mistral.

Emile-Paul me verse une petite, petite mensualité. Et la vie est si chère que notre budget est de plus en plus bancal.

Savez-vous si le *Tour du Monde*, et le *Bulletin des Musées et Monuments* ont recommencé ? Je ne puis rien savoir ici, mais rien. Pardonnez mes questions.

Votre ami.

LETTRE XLVIII

René Philipon à P.-J. Toulet

Tarascon, le 1 iuin 1919.

Mon cher Ami,

Nous sommes à Tarascon depuis hier matin, chez mon beau-frère, pour des réunions de famille. Mais si vous m'écrivez, adressez lettre ou documents à Paris, où nous serons ie 6, ou à Vertcœur, où nous rentrons le 8, s'il plaît au Ciel.

Je ne décris point ces lieux fameux et que j'aime pour les souvenirs qu'ils renferment, pour leur clarté unique.

Vos vers dans le dernier *Divan* m'ont enchanté. Avant de quitter Paris, j'ai vu Emile-Paul et la Sirène. Cette dernière m'a montré la lettre de

Segonzac annotée de votre main. Je ne connais pas du tout le Ch. Martin qu'il recommande si chaudement; mais Carlègle, mais Jou me semblent aussi avoir un talent s'adaptant à vos songeries chinoises.

Je vous écris sans autre dessein que celui de vous servir et vous redire ma sympathie.

LETTRE XLIX

P.-J. Toulet à R. Philipon

Que vous êtes heureux, je le répète, d'aller en
Avignon, et quelle charmante ville que Tarascon.
N'y a-t-il pas de meilleures cartes postales que les
horreurs que vous avez eu la bonté de m'envoyer?
Des Parrocel?

N'y a-t-il pas d'autres catalogues de la même
série que mon favori, un présent de vous? Le texte
de Geoffroy, c'est de quoi débecqueter, mais quelles
illustrations! Et combien!

Comme vous voulez bien vous intéresser à ma
triste littérature, voici (en communication) une lettre
de Martineau qui me dispense de la copier, mais
qu'il faudra me renvoyer.

Pour ce *Bulletin des Musées*, si c'est recommencé,
prenez-moi l'abonnement avec ce qui a paru.

Un monsieur m'est tombé de la lune, pour m'acheter des bouquins et des premières éditions. Je l'ai d'abord envoyé au diantre. Mais comme étant un gentleman et qu'il offrait de bons prix, je lui ai vendu pour 70 francs *l'Aimienne,* sur Hollande de Tinan et une *Aphrodite* d'édition méprisable (Nelumbo-Bambou).

Your.

P. S. Ci-jointe une pistole pour les derniers catalogues.

Je vais commencer à copier mon manuscrit, le plus longtemps que je pourrai. Si j'ai trop de travail dans la suite, vous me ferez copier le reste — ou mieux encore, — vous attendrez que j'aie une vacance.

Est-ce que vous êtes abonné à des revues? Je suppose qu'oui naturellement — et moins naturellement que vous m'en pourriez prêter qui ne soit pas de grand prix. J'ai commencé la *Revue d'Edmonde,* mais c'est trop cher pour son intérêt. La recevez-vous ? Voulez-vous que je vous l'envoie, quand elle me sera rendue par des voisins à qui je l'ai prêtée? Je crois que la *Revue de Paris* vaudrait mieux. Je crois qu'il y a des publications archéologiques qui m'intéresseraient, mais je ne les connais pas. Êtes-vous abonné?

LETTRE L

R. Philipon à P.-J. Toulet

22 mai 1919.

Mon cher ami,

Toujours j'attendais pour vous écrire la réponse
de Schmit, qui m'arrive seulement ce matin, et que
vous trouverez sous ce pli. Je lui avais mâché la
besogne, comme vous le verrez. Au demeurant, ses
rares réponses sont aussi peu claires que possible.
Je suis à votre entière disposition pour donner la
suite qui vous conviendra à cette affaire, et sans
vous découvrir, bien entendu ; le tout par correspondance, car je suis bouclé à la campagne, avec,
à la clé, un de ces rhumes d'été, dont je ne puis
me dessaisir et qui m'éprouve fort.

J'enclos aussi la lettre Martineau, que vous avez eu l'amabilité de me communiquer, et dont je crois vous avoir dit faire mon profit, par les commandes que je pourrai faire à vos éditeurs.

Je suis particulièrement heureux que justice commence enfin à vous être rendue, et ce sous forme de traités phynancièrement avantageux pour vous. Les éditeurs n'y perdront point non plus, et ce sera très bien ainsi.

Je pense avoir rencontré un copiste loyal pour *As you like it*, quand vous me ferez le grand plaisir de m'envoyer le manuscrit. Mais ne manquez pas de donner toutes les indications nécessaires, au besoin joindre un type. Si je suis en état suffisant, je compte aller le 6 juin à l'assemblée de la Société Shakespeare, où je suis convié. J'aurais aimé relancer Gémier, si, aussi, j'avais eu en poche une copie propre.

Tous ces *si* mettront-ils sur scène *As you like it* ? Cela dépend encore de l'humeur de Gémier, qui est fluide comme l'éther, ce qui fait un troisième *si*, plus conditionnel que les deux précédents.

Cette lettre, commencée dans mon bureau, avant le déjeuner, est reprise au coin du feu, car un vent du nord très vif contrarie l'action des rayons solaires.

Je ne sais si c'est cela qui gèle les affaires, mais il paraît qu'elles sont dans le marasme, alors que celles de nos co-associés d'outre-mer, des États-Unis, voire des Italiens reprennent merveilleusement. Ici, la confiance manque. Wilson, que j'avais cru être un simple diseur de phébus, est bel et bien cousin du Peckniff de Dickens, avec ses filles Mercy and Charity, qui lui servent de coussins, ou de marche-pieds, comme vous voudrez. Il s'ensuit qu'il ne paraît rien en librairie, et qu'on se trouve réduit à prôner les plus misérables productions. Les éditeurs préparent des merveilles, disent-ils, mais on ne voit rien encore. Les théâtres font un argent fou avec des pauvretés ou des ressassages. J'eus l'imprudence de me rendre, un après-midi, à l'Opéra-Comique, pour y réentendre *Marouf*, si mal exécuté, que je sortis après le 2ᵉ acte, sans vouloir rentrer dans la salle. Du reste, sauf à l'Opéra, où l'on voit encore de jolies femmes, admirablement parées, partout ailleurs ce sont de nouveaux visages surgissant d'attiffements ridicules, communs, sans goût, merciers et fournisseurs enrichis et sans âme.

Adieu, ami, ma main presse la vôtre.

LETTRE LI

P.-J. Toulet à R. Philipon

Si je n'étais si souffrant depuis cinq ou six jours,
je vous ferais tous les remerciements qui sont dus à
votre providence. Les voici numérotés :

1° — Tabac, tombé à point sur mon antépénul-
tième cigarette — et qui était morte.

2° — Photo très intéressante. La vôtre est excel-
lente. Et, il y a une console fin Louis XV, exquise.
J'en ai deux qui pourraient venir de la même
fabrique, et comme la vôtre avec marbre du temps,
— mais hélas, sans nulle guirlande. Je vous en vends
une, si vous voulez.

3° — Catalogues exécrables (je vous dois 12 fr.).
Le Diable m'emporte si je sais quand je vous les
paierai. Les manques de paroles et de paiement nous
ont mis dans une mouïse incroyable.

4° — Catalogue chinois. — Bonnes planches, mais objets de basse époque bien loin des Tong et des Song — plus encore des Han. Il n'y a que les potiches nues qui me plairaient. Et encore? Formes pas très pures. Et tous ces marchands ne pourraient-ils cesser de confondre le Coromandre avec les laques chinois, et le burgau avec la nacre — que ces mufles d'Anglais et ces cocus d'Amérique appellent mother of pearls.

A Dieu, ça ne va pas du tout.

Les mœurs n'empêchent pas qu'on se connaisse entre milliardaires. Connaissez-vous la fille G...? Je voudrais bien qu'il me payât.

LETTRE LII

R. Philipon à P.-J. Toulet

25 mai 1919.

‹ I have jumped to the pit of the pleisure, en recevant, ce matin, votre lettre et le précieux manuscrit qui l'accompagnait. Vraiment, vous m'avez causé une grande joie en me faisant don du manuscrit de *Comme il vous plaira,* que je vais lire incontinent, puis remettre à ma relieuse seulement dans quelque temps. Le 6 juin, je ferai l'impossible pour joindre Gémier dans quelque coin et lui parler de la chose, non en suppliant, mais comme ayant autorité, c'est-à-dire avec toute ma conviction. Mais viendra-t-il à notre réunion annuelle ? that is the question.

Le courrier me remettait en même temps deux paquets de tabac qui partiront par celui de demain, avec le numéro 1 d'un nouveau petit périodique auquel je m'intéresse, et un petit album japonais du XVIIIe siècle. Ceci est pour vous faire patienter l'envoi de quelques catalogues que mon amitié désire vous offrir, et que je vous prie de vouloir bien accepter sans façon. Mais c'est un colis qui ne pourra partir que dans une semaine au plus tôt et par chemin de fer. Compiègne et Fontainebleau ne se trouvent que sur place et je n'y connais personne en ce moment. Schlichting, *art musulman, etc.*, serait sous presse, mais ne verrait pas le jour avant l'automne. Enfoncez-vous bien dans la tête que les affaires sont infiniment plus difficiles depuis l'armistice, de joyeuse mémoire, que pendant la guerre. De simples encadrements en sous-verre sont en souffrance pour moi depuis tantôt deux mois. On est passé chez l'encadreur, hier matin, à Versailles, pour y apprendre que tous ses ouvriers et lui-même sont au château pour dorer les *100 pieds* de la table sur laquelle sera signé le traité. Et voilà qui nous fera une belle jambe ! La fille du susdit doreur a déclaré à ma femme, qui réclamait mes sous-verres, qu'on parlait du 5 juin pour l'apposition de cette signature. Le ciel veuille que son père n'ait pas entendu de travers !

A vous mon amitié.

LETTRE LIII

R. Philipon à P.-J. Toulet

28 juin 1919.
5 heures, soir.

Tout est accompli. Nous arrivons de Versailles, où nous fûmes voir une quantité prodigieuse de dos humains et de croupes de chevaux. Un large ruban vide entre une quadruple haie de soldats et de cavaliers s'étendait tout au long de l'avenue de Paris. De rapides autos closes, contenant des chapeaux hauts de forme ou des képis, franchissaient la grille redorée à neuf, et dont les trois portes étaient grandes ouvertes. La foule, avec un instinct étrange des choses, avait une attitude grave et heureuse, qui contrastait singulièrement avec la joie débordante du jour de l'armistice. Puis nous allâmes retrouver notre chauffeur endormi, qui s'éveilla pour nous mener à la petite porte de Saint-Cyr, où nous descendîmes pour nous engouffrer par une porte fort étroite avec une foule d'une densité incroyable. Le parc était over-crowded, et contemplait les fenêtres doublement historiques du grand monarque. Dans l'immense espace vide entre la terrasse supérieure et le bas, où des cordons de troupes maintenaient la foule dont nous étions, étincelaient les jeux d'eau du bassin de Latone, lumineux à ravir les yeux. Après quoi nous retrouvâmes notre chauffeur qui dormait de nouveau, tout comme le gros joufflu de Dickens. N'allez pas penser que cet homme ne soit pas un patriote : c'est un bel héros, père de deux enfants, à notre service depuis dix-huit ans, qui s'est fait percer la peau à Verdun, très bravement, sans forfanterie, et qui m'écrivait régulièrement des lettres sans orthographe, mais avec des détails, des précisions admirables, au point que je les ai gardées. Voilà quel est mon dormeur...

Ce matin, j'eus votre lettre, votre triple lettre, par laquelle j'apprends avec regret vos nouvelles misères de santé et de finances, et aussi que vous n'avez point encore reçu le colis de livres, parti pourtant lundi passé. Tant que je ne saurai pas que vous l'avez, je conserverai le reçu du chemin de fer, à fin de réclamation énergique.

Le *Tour du Monde* et les *Musées d'Eggiman* ne reparaîtront point, présentement du moins, je croyais vous l'avoir dit ; mais il se peut que je me sois contenté de le penser seulement. Mettez-vous bien dans la tête que chacun la perd un peu, et votre serviteur le premier. Et vous-même, n'oubliez-vous pas que vous m'avez déjà retourné 80 francs — une fois 60, une autre fois 20 — sur 100. Vous ne me devriez donc plus que 20 francs, ce qui est un mauvais nombre, difficile à enregistrer dans les mémoires ; je vous envoie en conséquence un petit mandat de 80 francs, qui complètera l'admirable chiffre de 100 francs, lequel me plaît infinìment.

Si je vais à la fête Doudeauville, mardi prochain, et s'il vous amuse d'entendre un petit écho, je vous en toucherai un mot.

Ma main presse la vôtre.

LETTRE LIV

P.-J. Toulet à R. Philipon

Guéthary, 1er juin 1919.

Cher Ami, merci pour le tabac (on en a un paquet
ici par quinzaine) et plus encore pour les cigarettes
dont j'avais oublié la saveur et la forme.

J'ai reçu ce parcel grandiose. Le Catalogue
Rothchild est vraiment beau. Je n'espérais pas l'avoir
ni le Davillier. Mais ceux des musées étrangers ne
m'intéressent pas, — même quand j'y ai été, comme
à Madrid. J'ajoute que la beauté des illustrations ne
peut me faire pardonner à Geffroy qui est un micro-
mane et un gallophobe. Cet homme en est encore
à savoir que la Pasture, Jean de Maubeuge (et non
Mabuse), Patinier (faiseur de patins, et non Patinir,

— qui n'est que la prononciation germanique), et Van Eyck lui-même sont des Français purs les deux premiers, Français wallons les deux autres. Quant à l'école flamande elle n'existe pas avant Rubens puisqu'on ne connaît avant lui aucun peintre flamand sauf Matsys, et deux autres douteux. Tout le reste, allemand, hollandais, ou rhénan. Je rabâcherai ces choses-là jusqu'à ma mort, n'y ayant rien où le nationalisme soit plus utile que l'art. Bref les flamands, avant l'école d'Anvers, ne sont qu'un département de l'art français. La tapisserie flamande est à peu près inexistante et un succédané d'Arras et de Paris. Bruxelles, qui n'est du reste pas pays flamand, s'y est montrée, à un degré affligeant, dénuée d'invention — quoique du point de vue technique, ses tentures soient souvent belles.

Ah ! çà, votre librairie ne peut donc pas se procurer le catalogue du Petit Palais n° 1 je crois — en tout cas celui qui contient la peinture et non pas la collection Dutuit. Quand aux catalogues de dessins du Louvre dont il a paru une douzaine à 25 francs ou à 22 francs 50, ci-jointe une carte qui vous éclairera. Je voudrais le 2ᵉ volume jusqu'à 25 francs.

Je ne sais que vous dire pour ces 80 francs que je viens de recevoir. Je ne puis pourtant pas vous les renvoyer. Mais l'ennui c'est que je ne serai pas tout de suite dans le cas de vous rendre 100 francs d'un coup — et du reste ce n'est pas pour ça que vous me les envoyez. Mais vous avez eu tort de croire que mes jérémiades étaient une tape déguisée. Si jamais je suis à bout, et veuille vous emprunter de l'argent, je vous le dirai crûment, j'en ai prêté beaucoup dans ma vie, quand j'en avais — et qu'on ne m'a pas rendu — j'en ai emprunté pas mal dont il me reste peu à payer, et rien de criard. S'il m'arrive de me plaindre, c'est que nous sommes obligés de nous priver beaucoup et cela durera tant que nous ne trouverons pas preneur pour certains biens en France et en Indo-Chine — pour ne rien dire de l'île Maurice, où j'ai été ruiné.

Je suis très heureux des détails que vous me donnez parfois sur Paris. Ne manquez pas de m'informer de Doudeauville, et si ce seigneur continue à se bien porter dites-lui que je m'en réjouis.

Mes meilleurs souvenirs.

LETTRE LV

R. Philipon à P.-J. Toulet

6 Juin 1919.

De la réunion de la Société Shakespeare, je sors
tout bouillant de toutes manières, car il se prépare
un prodigieux orage atmosphérique qui va gâter
notre retour à Vertcœur, et j'ai parlé longuement
avec Gémier, avec une autorité que je ne me connaissais pas, et qui provient sans nul doute de
l'amitié que je ressens pour vous, ainsi que de la
vive admiration que je vous porte. Les deux oreilles
ont dû vous tinter — successivement. La gauche
d'abord, car Gémier assure qu'il ne peut monter *As
you like it,* trop peu scénique et trop court. Bref, il
refuse, avec fleurs, mais il refuse. Voyant cela, j'ai
porté mon attaque sur un autre point, et, me rendant

compte de la sincérité de son admiration pour vous, je lui ai demandé quelle pièce il désirait. Il m'a dit que *Troïlus et Cressida* lui conviendrait, traduit par vous, en suivant de près le contexte de la pièce, mais non adaptée. Ne pensez-vous pas qu'il serait expédient de lui en écrire de suite, afin qu'il sache par vous que je suis messager fidèle? Il serait bon aussi, si vous donnez suite à ce projet, que Gémier semble vouloir réaliser, que vous vous mettiez au travail sans retard, car j'ai entendu parler de la traduction d'une autre pièce de Shakespeare, par Régnier, qui vous damerait le pion aisément. Mais cette traduction une fois achevée, je crois qu'il serait préférable que je la portâsse moi-même chez Mandelstamm, secrétaire ou éminence grise de Gémier. J'ai des raisons de croire que ce serait plus rapidement accueilli par ce moyen.

J'ai vu hier Sch..., qui m'a réservé pour 8 jours un exemplaire fort beau du catalogue Rothchild au prix de 35 francs et un de Courajod et Molinier, de la collection Davilliers, tiré seulement à 200 exemplaires, mauvais état extérieur, intact et complet intérieurement — prix 15 francs. Bien entendu, je ne vous ai pas nommé. Si vous les prenez, je les ferai venir et les joindrai à ceux que j'ai déjà préparés pour vous. Mais impossible de mettre la main, sur le catalogue des dessins, tome deuxième.

Je vous écris sur mes genoux, avant de reprendre le train, avec un inévitable bain de vapeur par cause de cohue. Aussi je ne sais trop ce que je dis.

Addio.

LETTRE LVI

P.-J. Toulet à R. Philipon

Guéthary, 3 juillet 1919.

Je ne vous demande même pas de vos nouvelles.
Ne pensez pas que mes infirmités me fassent oublier
vos ennuis.

↳ Corpechot est toujours très aimable pour moi au
Gaulois, et me prend des choses pour le *Gaulois*
du Dimanche. Il a de plus accepté un roman d'aventures indokmers que je lui avais communiqué. C'est
moins ennuyeux que de l'Henri Burdigala, et quoique
ça doive me rapporter moins, ce sera toujours
quelques dizaines de talbins. Mais il faut que je sois
bien portant pour le mettre au net. En attendant,
nib de braise, et la mouïse aux portes, tel Annibal
— *et stantes in turre mariti* — comme disait cette

gaufre de Juvénal qui faisait si bien le vers. On ne s'étonne pas que V. Hugo l'admirât et lui trouvât de l'esprit. Ils étaient of the same stoff.

Ne me parlez plus de politique, je vous en prie, c'est elle qui m'a rendu malade. Et pour me consoler je me répète :

Adieu, en attendant qu'on se voie.

LETTRE LVII

P.-J. Toulet à R. Philipon

Guéthary, 25 juillet 1919.

Pardon, cher ami, de ne vous avoir pas remercié de ce beau catalogue de dessins du Louvre. Mais, outre que les remerciements avec vous, ce n'est pas une sinécure, je ne suis pas bien ces jours-ci, j'ai toujours la tête en façon de capharnaüm. Mes idées se chevauchent, telle, dans un grenier de campagne, une boîte à violon surmonte une de ces « malles de bonne », où il y a du poil dessus. Je suppose qu'aujourd'hui ces demoiselles ne se contentent que de peau de truie. Pour moi, dès que j'aurai gagné 4 sous, je me réassortirai en peau de boche.

Corpechot m'oublie tout à fait, ce qui m'inquiète. Je suppose que vous ne voyez plus mon neveu. Etiez-vous au Triomphe ?

LETTRE LVIII

P.-J. Toulet à R. Philipon

Guéthary, 31 juillet 1919.

Mon cher ami,

Je trouve singulier que le Gouvernement vende
des meubles d'art sans loi spéciale à moins qu'il n'y
ait eu un écrémage préventif du Conseil des Musées
ou du Garde-Meuble.

Le médaillon de Jean-Jacques est une merveille,
quoique lui-même ne méritât peut-être pas une telle
idéalisation. Rien ne rappelle dans cette physio-
nomie honnête, heureuse et logique, la folie, ni la
bassesse, ni l'exhibitionisme, ni les vices mazochistes.
La guirlande est, si possible, plus belle encore. Elle
est grasse et vivante ; stylisée néanmoins. Le module
me satisfait moins. La tête est peut-être un peu

grande pour l'exergue : elle n'en découvre pas assez. Il est vrai que le défaut inverse eût été intolérable et beaucoup pire. Rien ne l'est qu'une tête trop petite qui a l'air de nager sur le champ. Ponscarme est tombé quelquefois dans cette disproportion pour ses médailles. Et aussi il guillotine ses têtes trop court, au lieu que le cou de Jean-Jacques est plein de noblesse et d'élégance. J'espère que B... vous a envoyé avec le marbre, une chose que l'on estime aujourd'hui au moins autant. C'est le plâtre que je veux dire.

Si vous retournez jamais à la Monnaie, voulez-vous voir combien coûte une médaille de Degeorges dont le sujet est l'inauguration d'une église : Montrouge, je crois. Elle est fort belle et, si trop chère pour moi, vous pourriez au moins l'acheter pour vous. Etant aussi net du péché d'envie qu'un vase de Sèvres, je ne jalouse pas votre fortune. Mais je voudrais avoir pour ma femme et pour moi l'indépendance de nos vieux jours et aussi du pain. Et voilà que mes affaires recommencent à mal tourner. Le fisc est près de faire vendre la concession d'Indo-Chine, dont j'ai un quart, pour 2 ou 3.000 francs d'impositions en retard. Ordres donnés de vendre du bétail non obéis par notre chargé d'affaires anna-

mite, qui est probablement de mèche avec des gens
qui voudraient bien avoir pour 3.000 francs la concession qui en vaut 300.000. J'ai écrit au Résident
de Quinchon (Annam) de se payer par le bétail.
Mais qu'il le fasse cette fois-ci, ce sera toujours à
recommencer. Il faudrait que quelques capitalistes
parisiens nous soutiennent de 50 0/0 ou de 100 et
deviennent copropriétaires au prorata.

Auriez-vous une édition non précieuse des Salons
de Diderot à me prêter?

Si vous me renvoyez les vers que je vous ai
copiés, je saurai quels sont ceux que je pourrais vous
copier encore.

La Sirène a-t-elle annoncé un livre de moi?

Adieu.

LETTRE LIX

.

R. Philipon à P.-J. Toulet

Mon cher Ami,

A l'instant je reçois votre lettre, dont le contenu me désole, d'autant plus que je ne me trouve pas en mesure d'y remédier par moi-même présentement. Tout mon bien est immobilier, l'argent disponible ayant été converti en choses belles à voir, avec une légèreté un peu trop facile; et des créances hypothécaires à diverses échéances, faites prudemment par mon père, sont d'un remboursement impossible à obtenir, même échues, d'une cession aussi énigmatique. Les tentatives que j'ai faites, étant donnée la longueur de mes dents, ont échoué, et heureusement pour moi. Les rentrées sont croquées d'avance. Voilà la réalité de mon bien, qui a si belle monstrance. Parfois, je me mords les doigts de ce gaspillage, qui me prive aujourd'hui de m'intéresser dans cette ferme d'Indo-Chine. Il faudrait pourtant à tout

prix empêcher un pareil désastre, et demander à vos
co-associés de s'arranger à fournir le nécessaire. Au
besoin, l'un d'eux devrait faire le voyage et voir sur
place où en sont les choses, si votre fermier est
loyal. Je sais, par expérience, combien l'éloignement
accroît les difficultés de gérance, ayant encore des
intérêts en Corse, dont je ne puis me dépêtrer depuis
bien des années. Mais vos livres pourtant devraient
être de joli rapport, si les annonces d'Orion sont
véridiques. Il est impossible de vous tenir sous le
boisseau.

Pour en venir au profil de ce triste homme que fut
Rousseau, il n'en fut pas fait de maquette préalable.
B... a fait directement et lui-même sa sculpture, et
c'est seulement ensuite que fut exécuté le moulage
sur la pierre terminée. La couronne de feuilles de
chêne a eu comme modèle des feuillages pris ici-
même.

Je suis assez souffrant en ce moment de nouveaux
troubles circulatoires, et je vous écris de mon lit, où
je passe maintenant plus de la moitié de ma vie.

Ne manquez pas de me tenir au courant de vos
affaires d'Indo-Chine, lesquelles me désolent, mais
ne me paraissent pas désespérées.

A vous.

P.-J. Toulet à R. Philipon

Guethary, 16 août 1919.

Cher ami, quelle singulière idée j'aurais eue de vous faire acheter pour 200.000 francs de terres en Indo-Chine, et vu votre caractère intellectuel, votre tempérament et vos études, de vous transformer en colon. Je ne sais quel bafouillage j'ai pu vous écrire pour que vous l'ayez ainsi compris. Nous sommes gênés par cette affaire d'impositions (mais qui s'arrangera), et en pourparlers de vente, j'ai peur qu'on ne nous mette dedans.

Je continue à n'aller pas bien du tout, surtout de tête. Il me faudrait quelques romans d'aventures et de préférence anglais. Croyez-vous que cette déli-

cieuse collection à six pence existe encore, même
augmentée. C'était plein de détectives, de trésors et
de morts mystérieuses. Outre le bien que ça ferait à
mon cerveau, ça me servirait pour des romans
d'aventures, où je compte gagner ma vie; j'en fais un
pour le *Gaulois* qui l'a accepté sur esquisse. Et je
voudrais en faire d'autres pour d'autres gazettes,
quitte à prendre un collabo. Peut-être votre libraire
pourrait-il vous renseigner. Et si vous pouviez m'en
envoyer un paquet, ultérieurs si possible à 1910,
vous me combleriez de joie. Quant à une série de
Gazettes des Beaux-Arts à partir de 1887 à 1910,
moins celles que j'ai déjà — ça me guérirait — j'y
mettrais 10 louis, à 20 francs au maximum l'année,
avec la petite chronique. Mais c'est cher. L'affaire
que j'ai manquée avec vous (quoique K... me jure
qu'il les a achetées, et qu'il me les enverra, dès que
l'envoi ne coûtera pas plus cher que les livres).
Mais, dit-il la vérité ? Vous pourriez vous renseigner
quand vous passerez près de ce bouquiniste. A-t-il,
oui ou non, vendu à un M. K... de Paris, à 200 fr.
une série de 1889, je crois, à 1910, ainsi qu'une série
antérieure de 10 volumes 150 francs, mais pour lui.
Si c'était vrai, j'en serais quitte pour m'armer de
patience, et bien heureux.

Pardon, cher ami, de mes importunités. Mais, vraiment, ça me guérirait la tête.

Vôtre.

P. S. J'espère que vous allez mieux. Car vous n'aimez peut-être pas le lit autant que moi. Pourquoi n'allez-vous pas en Corse ?

Enchanté qu'on ait confié à Bartholomé le monument de Pointe de Grave. Et dire que ça aurait pu être Puech. Ce n'est pas que nous n'ayons des sculpteurs de grand talent, voire, comme Maillol, de génie. Mais le génie monumental est une chose, et il ne suffit pas de faire une belle statue. Il y a dans Bartholomé un architecte, et qui ne dort pas. Le groupe de J.-J. Rousseau n'est pas d'un génie créatif supérieur à Rodin. Mais c'est un monument. Et celui du Père-Lachaise, n'est pas loin de le valoir. Le poilu mort doit être, de son côté, une chose admirable. Vous devriez tâcher d'avoir des plâtres de B..., les esquisses ou projets. En général, les sculpteurs n'y tiennent pas beaucoup. J'ai connu un petit architecte à ses débuts, à qui B... avait donné un morceau. Et ce sont ces ébauches, ces modèles, que les musées devraient rechercher.

La *jeune Fille verte* paraît le 15 octobre, chez Emile-Paul, qui doit (?) publier en janvier (j'ai peur qu'il ne lambine) les *Contrerimes* et les *trois Impostures, almanach*[1]. — Va paraître à Genève (Kundig, édition de l'Eventail), les *contes de Béhanzigue*, illustrations de Georges de Traz. Le *Gaulois* du dimanche publie assez de choses de moi — une nouvelle, le 10 aug., mauvaise, en attendant la *Cité sans nom*. Mais j'y travaille mal. Si vous me trouvez les 6 pence novels et surtout les *Gazettes des Beaux-Arts* vous serez mon bon Samaritain ; et mon cerveau s'éclaircira (je crois que je suis en train de faire du chantage sentimental).

Après nombreux pourparlers, P. L..., de la S..., a mis bas un projet de traité, espèce de coquinerie (au moins en tentation) dont Martineau est resté indigné — 10 °/₀ par volume, engagement d'option pour divers romans à venir, etc., etc. — Il a oublié de stipuler que je lui ferai ses bottes tous les matins — à moins qu'il n'ait affaire à la mienne.

Mon neveu vient de passer son examen et le voilà attaché d'ambassade. Je crains qu'il n'ait pas assez d'argent pour ce métier-là. Vous seriez bien gentil de me le marier un peu richement.

Re-vôtre.

---

1. Les manuscrits des *Contrerimes* et des *trois Impostures* avaient été remis à l'éditeur l'année précédente, en novembre 1918, mais ces poèmes ne parurent en librairie qu'en 1921, et les pensées seulement en 1922. — H. M.

LETTRE LXI

P.-J. Toulet à R. Philipon

Guétary, 18 août 1919.

Cher ami,

J'avais un peu la fièvre quand je vous ai écrit. Il me semblait que mes désirs et mes rêveries étaient les choses les plus importantes du monde, et dont tous mes amis devaient être uniquement occupés.

Aussi j'ai été un peu confus le lendemain de tous les boniments que j'avais faits pour vous mettre en coupe réglée. Veuillez n'en point tenir compte, sauf pour ces livres anglais à 6 pence, à charger votre libraire de se renseigner. Je n'en ai plus de libraire, ce qui est gênant.

Adieu, il me tarde d'apprendre que vous vous portez mieux.

LETTRE LXII

P.-J. Toulet à R. Philipon

Guéthary, le 21 août 1919.

Cher ami,

Je serai très content si vous faites la connaissance
de W..., en dehors de l'opinion que vous pouvez en
tirer sur ma concession. Vous êtes peut-être un
homme d'affaires à la mie de pain ; mais je suis sûr
que vous aurez plaisir à connaître ce very clever
fellow. Quant aux autres choses que je vous demandais, je vous répète que je rêvais à moitié : j'étais
camaralzaman et vous le génie de la bouteille. Je
m'étonne de ne vous avoir pas demandé une villa à
Tlemcen et un yacht à vapeur. Je n'ai aucune idée
de ce livre dont vous me parlez. En revanche, Crès

a publié un Renoir qui m'a plu. J'ai prié Martineau de s'informer si je pourrais l'avoir à réduction. Je pense qu'il aura oublié.

Avez-vous certain voyage en France au XVIIIe siècle de deux bénédictins — sauf erreur?

Êtes-vous abonné à la *Revue d'Edmonde* ? Moi, oui, pour trois mois et j'ai acheté le reste en numéros. Voulez-vous que je vous les envoie? Mais si vous l'êtes ou à la *Revue de Paris*, pourriez-vous me les faire tenir, si vous n'en avez pas la superstition. Pour la *Revue d'Edmonde*, ce ne serait qu'à partir du 1er janvier. Je trouve que c'est trop cher pour moi de continuer. C'est comme l'*Illustration*, chose assommante et encombrante, et qui me manque depuis quelques mois pourtant. Mais m'abonner, ma foi non. Ma galette va assez mal. J'ai une appréhension pour ce roman d'aventures au *Gaulois*. Impossible tirer un mot de réponse de Corpechot depuis deux mois. Ne deviez-vous pas le voir? Il me met dans les pires inquiétudes (touchez du bois, s.v.p.).

Je ne reçois pas davantage du *Gaulois* l'argent qu'il me doit.

C'est ce traité qui m'a, moi aussi, rendu malade comme vous et qui continue. Aurons-nous toute la Syrie, au moins, et la Cilicie? Et les Lieux-Saints?

LETTRE LXIII

R. Philipon à P.-J. Toulet

5 octobre 1919.

Mon cher ami,

Nous sommes venus à Paris pour cause de den-
tisterie, car j'ai eu un abcès dentaire douloureux et
fiévreux, qui a effiloché mes pauvres idées, au point
qu'il me fut à peu près impossible d'écrire. Me voici
mieux, grâce au Ciel et au baume d'acier, dont je
reçus un bon demi-pouce dans la mâchoire.

J'ai profité de ce séjour pour aller aux adresses
que vous m'aviez indiquées, et chercher des romans
policiers anglais. Le six pence novel n'existe plus, et,
du reste, on vous demande sans rire 10 francs d'une
misérable histoire d'espion. J'ai pris des volumes à

2 fr. 50 en moyenne, car le change de la £ est actuellement 34.50, grâce aux acrobaties des financiers politicards.

Etant abonné à une nouvelle revue, le *Feuillet d'art*, qui paraît six fois l'an, et d'un luxe tel que le commanditaire est certain de perdre ses fonds, — chose infiniment fâcheuse pour ce mécène — j'ai eu occasion, ce matin même, de voir la directrice de la dite revue, dont le n° 2 tarde *déjà* à paraître... Je ne sais comment votre nom est sorti de mes lèvres, mais toujours est-il qu'on m'a paru bien disposé en faveur de l'auteur des *Ombres chinoises*. Comme on paie la page grand *in-4°* cent francs, j'ai pensé que la chose pourrait être intéressante, et je suis à votre disposition pour aller porter moi-même au *Feuillet d'art*, quelque fantaisie, de celles dont vous avez seul le secret, de 4 à 6 pages, mais aussi collet-monté qu'il vous sera possible.

J'ai été voir hier aux *Arts décoratifs*, les douze fameuses tapisseries dites des chasses de Maximilien et tissées à Bruxelles au début du xvie siècle. Je n'ai jamais rien vu d'aussi beau dans ce genre. Ce sont des panneaux immenses avec ambase en camaïeu brun et jaune, une bordure de fruits et fleurs, et le tout en soie et or d'une finesse, d'une magnificence et d'une technique achevées. Elles tiennent toute l'immense nef centrale du Pavillon de Marsan.

Peu de livres paraissent présentement, on se réserve pour la rentrée, qui nous promet de belles choses. Je crois vous avoir dit nos acquisitions d'un noble dessin de Degas, première manière, d'une petite tête d'enfant, crayon de Carrière, et quelques petites lithos bon marché de Fantin-Latour, charmantes et bien tirées.

Je vous parlerai de Bolingbroke dans une autre lettre, car je désire que celle-ci parte en son temps, vous portant l'expression de ma fidèle amitié, et de mon admiration croissante.

A vous.

J'ai vu hier Emile-Paul, qui met la dernière main à la *jeune Fille verte* ; Corpechot ne donne aucun signe de vie, et je ne pense pas qu'il convoque la commission dont je fais partie avant octobre : il peut être sûr, à ce moment d'entendre parler de vous.

Nous rentrons à Vertcœur demain matin.

LETTRE LXIV

P.-J. Toulet à R. Philipon

Guéthary, 27 septembre 1919.

Cher ami, les livres dont vous me fîtes présent à
la Saint-Paul continuent à faire pâmer les visiteurs.
Cependant, je roue, et j'insinue avec réticence que
ce sont les tributs de quelques mondaines passionnément admiratives. Dans le nombre de ces gens, je
vous recommande le nom de Clément de Swiecinski[1]
pour le jour où il fera son exposition. Ce docteur
polonais est un sculpteur dont l'originalité n'est pas
douteuse. Je voudrais que vous le connussiez.

Que ne puis-je admirer autant les 5 ou 6 novels
que j'ai reçus de vous, sans pouvoir en lire un seul,

1. C'est en 1919, à Guéthary, que Toulet se lia avec Georges-Clément de
Swiecinski qu'il devait revoir journellement durant l'été de 1920. On sait que
l'admirable médaillon qui figure sur la tombe de Toulet est l'œuvre de Swiecinski. — H. M.

à part le Conan Doyle, mais qui, malencontreuse-
ment, n'est qu'un recueil de nouvelles. Et quand je
cherche des romans de police et d'aventures, ils ne
sont jamais assez longs. Quant aux cinq autres, c'était
à prévoir : ils sont de la collection Nelson, et je vous
avais prévenu que c'était un opprobre de la librairie
moderne. Mais il ne se peut qu'un client comme
vous ne fasse marcher son libraire comme un toton.
Si ce fournisseur voulait faire son métier, il trouverait certainement un stock considérable de six pence
novels — outre que les Anglais ont dû commencer
d'en refaire. Ne pourriez-vous me mettre en rapport
avec un libraire pas trop important — (pas votre
libraire ordinaire, qui ne doit servir que des milliardaires) quelque chose comme le libraire de la place
Saint-Michel — côté Saint-André-des-Arts — qui
était un homme aimable, instruit et modeste. Ça
m'ennuie d'autant plus de vous obséder de mes
« commissions », que vous finissez toujours par les
payer. Quand j'ai envie de quelque chose — et je
ne suis pas créole pour rien — le désir anéantit toute
autre chose autour de l'objet aimé — outre que l'impatience d'une réalisation rapide prend la forme d'un
accès. Bref, j'appartiens à cette espèce de gens qui
mettent le feu à une ville pour allumer leur cigarette.

D'autre part, étant, à ce que prétendait le citoyen Bracke, le type le plus réussi de la corruption byzantine, mon désir se nourrit de soi-même et meurt platoniquement. Mais je ne voudrais pas me charger, somme toute, de tout ce qu'ont pu faire mes pères sous le Roi-Soleil et le Bien-Aimé, sur cette grande mer de saphir oriental, qui bat les rives de l'Inde, des Mascareignes et de Madagascar. Quoique contraires en principe, l'esprit aristocratique et le bolchevisme ont des aspects communs.

Si donc j'avais un libraire à Paris, je voudrais qu'il me procurât d'abord des *Gazettes des Beaux-Arts* 1886-1909 — et — chose moins coûteuse — des journaux et des revues et des catalogues de livres touchant les colonies, et la Syrie que nous aurons décidément au moins pour la plupart.

Il y a quelque chose qui s'appelle l'*Afrique française* (revue ou journal). Il y a certainement des revues algériennes ou tunisiennes — et d'autres feuilles (sur l'Afrique occidentale, le Maroc), que vous connaissez peut-être — un succédané du *Tour du Monde*, si la sordide maison Hachette s'obstine à ne pas le ressusciter. Voilà ce que pourrait me chercher ce petit libraire. Le vôtre est trop important et me glace de respect. Je suis sûr qu'il ressemble au portier de Madame de Béarn, le seul homme qui m'en ait jamais imposé. Enfin, si je l'avais, ce petit libraire, je m'adresserais directement à lui, et je pourrais payer mes commandes. Tandis que vous en charger, ce n'est, je le répète, qu'une mendicité déguisée. Il me semble que si vous me donniez — comme à un enfant sage — des livres pour ma fête et pour mes étrennes, ce serait assez. Et vous seriez dispensé aussi de la corvée de les chercher.

J'ai été malade à plusieurs reprises cet été, et surtout ces jours-ci, où l'impuissance de vouloir, de penser, d'agir, était à son comble. Aujourd'hui, je me sens la tête un peu éclaircie, et j'en profite pour vous accabler de mon baragouin. Le séjour de mon neveu, qui a passé près d'un mois ici, a coïncidé généralement avec un état de santé supportable, sauf pour quelques courtes rechutes. J'ai pris une espèce de part à ses plaisirs, en le voyant les prendre, et voler, pour ainsi dire, de fleurt en fleurt. Il me semblait que c'était moi-même, il y a 30 ans. Les danses avaient changé de pas, et les jupes de coupe : mais, au travers, c'était le même but — et non moins délicieux, je pense, s'il y apporte un caprice pareil, pareillement passionné.

Ne vous étonnez pas des papiers infects que j'em-

ploie. Celui qu'on m'offre chez les mercantis est à
peine supérieur, et l'on m'en demande plus cher que
si Ingres y avait fait des portraits. Et cela me fait
songer à vous féliciter de vos achats. Pour ma part,
hélas, l'incapacité où je me sens depuis deux mois
d'aucunement travailler me fait craindre d'en être
bientôt réduit à vendre mes pauvres cinq ou six
cadres, ou lieu d'en augmenter le nombre. Je sais
ce que je voudrais faire pour cette revue, où vous
avez eu la bonté de parler de moi. Mais je n'ai pas
la force de m'y mettre. Que pensez-vous que vaudrait une belle page de griffonis de Hubert, d'après
la tête et les attitudes de Voltaire? Je suis chargé de
la vendre en partageant. J'ai plus envie de l'acheter,
puisqu'elle ne me coûterait que moitié prix.

A vous.

P. S. Paul Valéry, ce grand et obscur poète, est
venu me voir ces jours-ci, et s'est loué auprès de
moi de vous avoir rencontré naguère. F. de Mio-
mandre, avec qui vous avez eu, je crois, quelques
rapports aussi, est venu passer un mois ici, et nous
faisons ensemble des projets de romans d'aventures
qui, j'espère, nous déshonoreront richement.

LETTRE LXV

P.-J. Toulet à R. Philipon

Guéthary, 22 octobre 1919.

Mon cher ami,

Ne seriez-vous pas balzacien? Ce n'était pas pour
que mes affaires vous fissent peur — comme elles
ont fait (j'en ai le sentiment) — mais pour que *vous*
y fissiez peur, que je m'en prenais à vous; autrement
dit, pour mettre les pieds dans les plats, pendant l'absence de W... En attendant qu'il revienne, j'espère
que la Providence voudra bien le remplacer, et ne
pas me tenir rigueur de l'avoir qualifiée naguère : la
Caricature de Dieu. Il est vrai que c'est à M. Nicolle,
théologâtre perdu de jansénisme, que je prêtai une
opinion dont le moindre bien qu'on en puisse dire

— par ces temps veufs de charbon — c'est qu'elle a une agréable odeur de roussi.

Je vous demande donc pardon de vous avoir assailli d'une assez mauvaise littérature. C'est de la mienne que je parle. La vérité, c'est que je suis aussi capable, dans quoi que ce soit qui ressemble à un contrat et à une difficulté, d'inventer des solutions que je suis imbécile à en choisir une. C'est pourquoi Martineau me rend un si inestimable service en prenant la direction de mes divers traités, pour lesquels il ne me consulte que par politesse. En quoi il a tort, car je suis très malin en affaires — tant que mes spéculations demeurent dans la spéculation. Le malheur est que les hommes de bazoche me sont, pour l'heure, inaccessibles — ne pouvant pas donner d'argent, ni ne voulant leur donner d'obligations —. Vous paraissez avoir conçu une telle horreur des affaires indo-chinoises, que je me serai sans doute rendu inintelligible. La faute en est à ma santé — reins, rhumatismes, faiblesse, neurasthénie, aboulie — non pas qu'elle m'empêche d'écrire ; mais elle était accompagnée depuis près de deux mois d'un mal de dents continu. Et là reparaît l'aboulie, neurasthénie, etc., en m'interdisant les seuls trains qu'il soit permis de prendre à Guéthary, trains omnibus,

trains bondés où les troisièmes prennent 20 places
— et odorantes — dans des premières déjà souillées
de vermine espagnole — sans que les secondes, les
respectables secondes elles-mêmes, chères, il n'y a
pas six ans encore, aux familles de magistrats et
fonctionnaires, comme à notre solide aristocratie
terrienne — en soient plus respectées pour leur
dureté! Ajoutez que les trains qui partent avec une
heure de retard, arrivent avec deux à Bayonne : —
et moi, si j'en prenais un, avec trois syncopes passées,
et trois duels à venir, mauvaise chirurgie.

Enfin, avant-hier et hier j'ai fait enlever le dentiste,
qui passe ses nuits à Guéthary, par des hommes
masqués. En sorte que, depuis dix heures, je ne
souffre plus. Vous n'avez plus de quoi vous vanter.

LETTRE LXVI

P.-J. Toulet à R. Philipon

6 novembre 1919.

Cher ami, je vais un peu mieux, pas beaucoup, et
me suis remis au travail : petits poèmes en prose
(*Chinoiseries*) pour les *Feuillets d'Art*. Mais ça va
encore bien lentement, et ne sais quand j'aurai
achevé quelque chose. — Est-ce qu'on me prendrait
des vers ? Auquel cas je vous enverrais une traduction libre des chansons de Shakespeare *(As you
like it)*. Vu mon peu de valeur, ce n'est pas ce que
j'ai fait de plus mal.

J'en ai naturellement égaré une partie, mais qui
peut se retrouver. Pareille chose m'est arrivée pour
la *Maison Hantée*, et je ne pouvais mettre la main
dessus. Mais enfin, je l'ai dénichée, et l'ayant abso-

lument égarée aussi hors de ma mémoire, relue avec le plaisir le plus vif. Je vais vous renvoyer les deux Lytton qui sont reliés ensemble.

Il me semblait en effet que la *Race Future* était de ce naturel du *Lac Asphaltite* qui j'espère n'est pas un cousin de votre femme. Les mauvaises mœurs n'en ont pas fait un bon romancier, si indulgemment que vous le jugiez — et la *Race Future* (que je lus jadis dans la *Vie Moderne*) ne vaut ni plus ni moins qu'un Jules Verne, en plus ennuyeux. Vous vous rappelez que ce diplomate, *legatus iste, asylum contra lictores et magistratus verbera Penthere rii balnea sacraverat vici; ubi sodomiticum regebat gregem suum, figuramque modo italico " timone " noncupatam.*

Adieu, mon cher ami, je suis un peu las, et je m'arrête. Ecrivez-moi.

P. S. Imaginez qu'il m'est impossible de me faire payer au *Gaulois*. Ce M... est répugnant.

Voulez-vous de ces petits Nelson que vous m'aviez envoyés, et qui ne font pas ma joie. C'est une escroquerie de textes.

Est-ce que vous avez Paul Féval dans votre bibliothèque?

LETTRE LXVII

R. Philipon à P.-J. Toulet

Mon cher ami,

Sitôt terminées vos nouvelles *Ombres chinoises,*
qui toujours sont manières de petits chefs-d'œuvres,
je les porterai moi-même au *Feuillet d'Art.* Plaise
au ciel que ce ne soit pas trop tard, et que la place
ne soit pas déjà prise.

Je vous écris au débotté et dans les rangements,
mais nous sommes chauffés encore assez bien, ce
qui console du froid extrême du dehors, où je ne
mets pas le nez. Les saisons sont aussi dérangées
que les esprits, et je m'attends aux pires événements
sociaux. Je suis content pour vous que vous soyez à
Guéthary, qui doit être tranquille.

Des deux Lytton, je ne connais que leurs livres,
lesquels n'ont rien de pervers en eux, et j'ignorais

que la vice-royauté de l'Inde ait eu si funeste influence sur le fils. Peu importe, nous ne demandons aux romans que d'amuser ou d'intéresser notre esprit, n'est-il pas vrai? Ce fut l'effet du *Diable à l'Hôtel*, de ce diable d'Henriot. Je suis tout féru aussi de Chesterton, que vous n'aimez pas, et je vous fais envoyer son dernier recueil de nouvelles policières, qui n'est pas sans mérite.

Addio, carissimo.

LETTRE LXVIII

P.-J. Toulet à R. Philipon

Guéthary, le 20 novembre 1919.

Je ne me rappelle pas, cher ami, si je vous avais
offert — et vous à moi promis de m'en envoyer à
l'occasion une copie — le manuscrit de ma traduction d'*As you like it.* D'autre part, je vous ai
demandé si vous étiez d'avis de proposer aux *Feuillets d'Art* des couplets que j'ai fait d'après Shakespeare, et dont ce manuscrit, justement, contenait
quelques-uns dont je n'ai pas le double. — Veuillez
prendre une décision là-dessus, et si oui, — comme
c'est mon avis — je vous enverrai ceux que j'ai ici,
auxquels vous pourriez joindre une copie des couplets que vous avez : à supposer toujours que vous

avez ce manuscrit, et que je ne rêve pas. Je n'en trouve pas trace ici. Mais il y a un double aux mains de Mandelstamm, le secrétaire de Gémier.

Entre temps, je travaille un peu aux *Chinoiseries*, car je suis tout à fait remis, mais il n'y a que trois jours. Et je continue à battre en vain les buissons pour découvrir des journaux de voyages ou des revues coloniales. Je voudrais des choses sur la Syrie, la Cilicie, le Cameroun, la Sarre. J'ai peur, d'autre part, que tout cela ne me coûte trop cher (ah, que je regrette le *Tour du Monde*) au moment que mes affaires vont désespérément. Je suis furieux contre Corpechot dont je ne puis pas tirer un sou pour tout ce que j'ai écrit au *Gaulois* depuis six mois, après toutes ses supplications.

Père Brown est un livre remarquable. Il y a des choses que l'on a confusion dans la tête, et de les retrouver, aussi confusion peut-être, mais d'un autre point de vue, cela vous fait passer sur le cerveau un courant d'air qui développe les anciens germes et en apporte de nouveaux. Cela m'est arrivé pour la *mauvaise forme*, cette fenêtre un instant ouverte sur l'ahrimanisme, la plus vieille des religions aryennes. En dehors des Aryens, l'art a toujours quelque chose de démoniaque ; et partout, sauf chez nous, le sorcier a été honoré. Chez nous, les formes directrices de tous les arts (— et particulièrement de l'art gothique, le plus profond et le plus sage, où Viollet-le-Duc se tue à faire observer qu'elles sont à l'échelle de l'homme —) sont divines, et plus souvent humaines, presque jamais palladiques. Chez le Français, si peu latin, ou germain (grosse erreur de Viollet), mais la fleur des Celtes, qui sait, la fleur de l'humanité, l'école a toujours tendu à l'humanité. Millet, sans cette clef, est incompréhensible, et, avec lui, Poussin, Lesueur, Fouquet, Watteau, Ingres, Puvis, Fantin, Degas, etc. Cela est évident, surtout par un canon qui leur est à tous commun : de l'homme au paysage, tandis que rien de cela dans tous les barbares étrangers — sauf les Hollandais (Potter, Cuyp, Breughel), si supérieurs à la brute flamande, et quelques Vénitiens du moment heureux, grands créateurs de paysages humains, Giorgione, Titien, Campagnola... (et, si vous y réfléchissez un instant, vous tomberez d'accord que ce canon ou module est aussi imposé qu'une loi mathématique). D'ailleurs, à part Venise et Milan — pays gaulois — et une douzaine de génies, les Italiens me sont insupportables. Non pas l'*Angélique*. Mais ce petit livre est un bon exemple que pour tous ces Caporetti, la critique d'art est identique à la réclame touristique. Trois Jean de Fiesole à Paris, qui en a de sublimes, et 30 à Florence, fatras aux trois quarts. Et voici deux lemmes : 1° le symbole du moment où Louis XIV, comme Nabuchodonosor, fut par l'orgueil changé en bête, c'est la Colonnade, grande chose qui n'est d'accord avec aucune, et où les deux pierres du fronton, venues de Meudon, ont dix-huit mètres passés chacune. On ne parle d'ailleurs jamais que des blocs antiques, et les Romains sont loin de ces masses. Il faut aller au Trilithon de Balbeck, notre récente conquête, pour trouver des pierres de 19 et une de 21 mètres. (Ah! que je suis donc content que nous ayons la Syrie et Diarbeker.)

2ᵉ lemme : C'est à l'ombre des sanctuaires, sur les toits ou dans les replis des cathédrales, qu'au moyen âge la sorcellerie et l'hérésie ont abrité cette représentation plastique que l'homme tend toujours à laisser de sa pensée. C'est pour cela que vous avez parfois dans les cathédrales le frisson du sabbat et des mystères bachiques. A Bayeux, par exemple, le panneau de sculpture chinoise vous fait obcurément l'effet d'un sacrilège satanique.

Connaissez-vous un livre anglais écrit par un prêtre (?) à propos du culte et des apparitions du

Diable (*le Malin*, comme Forain disait) en plein Paris. Titre : *aut Diabolus aut nihil.* Difficile à se procurer. Je l'ai lu au cercle de Canton. Connaissez-vous un contemporain qui écrit un anglais magnifique (Chesterton aussi, mais pas son traducteur le français) à propos de légendes du moyen âge identifiées à des mystères payens ? et que vous les cherchiez l'un et l'autre, car il vous intéresseraient fort. Trégatris doit avoir *aut Diabolus...* Moi, je me contenterais de quelques Paul Févaux (les *trois Hommes rouges,* le *quai de la Ferraille*). Les avez-vous ? Avez-vous lu le *Bossu ?*

Que pensez-vous de ces élections magnifiques ? Avec un progrès à la prochaine fois, on pourrait songer à abolir les lois d'exil, à nommer Monsieur le duc d'Orléans président de la République, ensuite à vie, puis héréditaire.

LETTRE LXIX

R. Philipon à P.-J. Toulet

25 novembre 1919.

Mais oui, mon cher ami, vous m'avez bien demandé une copie d'*As you like it*, mais vous vous êtes ravisé ensuite. Maintenant, j'en ferai exécuter une, dès que je pourrai aller quérir le manuscrit à Vertcœur, où il reste enfermé dans mon secrétaire, et ce sera sans doute dimanche, si je puis continuer mes exploits d'électeur.

Je doute toutefois que le *Feuillet d'Art* prenne des vers ; il pensait avoir de vous quelque *Ombre chinoise* inédite. Encore un coup, je crains que nous arrivions trop tardivement et qu'on nous dise « la place est prise... » C... est un drôle de corps : il m'a demandé de faire partie d'une commission, qui devait se réunir chaque mois après les vacances, mais il est vrai qu'il n'a pas dit en quelle année... Bref, nulle convocation encore.

Je suis content que *Père Brown* vous ait charmé, c'est un bon compagnon : pas de Féval sur le marché ni dans ma petite library privée. Les *Compagnons du silence* délectèrent mon adolescence au point qu'avec des garnements de mon âge, j'avais fondé une maffia sans danger ni malice sur la plage de Trouville : nous nous battions au sable et c'était tout, avec de nombreux conciliabules à la clé. Le *Bossu* nous fit passer une des plus amusantes soirées d'avant-guerre. Nous ne sortons plus guère maintenant, surtout le soir. Depuis tantôt six années pleines, nous n'avons pas vu six spectacles. Croiriez-vous que je me lèche les babines à la pensée d'aller voir le *Tour du Monde en 80 jours*, joie de ma petite enfance.

Nous nous rattrapons sur la musique à domicile, où de bons artistes nous font le plaisir de venir se faire entendre : Jeudi dernier, votre neveu, toujours charmant, entendit ici un pot-pourri de chant et de piano, où Ravel, Debussy, Mozart, Haendel et Schumann voisinaient sans heurt. Aujourd'hui c'est le quintette de Franck précédé de la sonate d'Haydn pour deux violons.

Dites-moi donc ce que vous désirez pour votre petit Noël, livre ou image à votre choix. Mais ne comptez pas sur des livres coloniaux, tout est affreusement cher et peu intéressant. Et puis je vous assure avoir été successivement faire des recherches assez infructueuses récemment, et les libraires auxquels je n'ai rien acheté me verraient revenir sans joie dans leur boutique.

Les élections m'enchantent et me consolent du misérable traité de paix. Il faut espérer que les jeunes, en assez grand nombre élus, exigeront l'exécution sévère des clauses garantissant paix, ordre et remboursement d'une partie de nos frais. On nous a bernés bien assez.

Addio, carissimo. Je vous dis mille choses.

LETTRE LXX

P.-J. Toulet à R. Philipon

Guéthary, 27 novembre 1919.

Cher Ami, je vous en prie, ne faites pas copier
mon *As you like it*. Il sera toujours temps de vous
le demander, si j'en ai besoin. Je voudrais seulement
une vingtaine de vers plus ou moins blancs (chœurs
de chasseurs et vendangeurs, 2ᵉ (?) acte), que vous
pourriez me recopier vous-même. Encore n'est-ce
pas pressé, d'après ce que vous me dites ; et je ne
m'en occuperai pas pour le moment — à moins que
vous n'ayez l'occasion de vous renseigner aux
Feuillets d'Art, et qu'ils soient mieux disposés pour
des vers que vous ne le pensez. Ce n'est pas ma
faute, mais de trois mois de mauvaise santé, si je n'ai
pu achever aucune *Chinoiserie*. J'en ai plusieurs en

tête, et une de commencée ; mais, outre qu'on ne peut se forcer pour des choses d'art, vous connaissez sans doute cette amertume au palais, et ces coups de marteau dans la matière grise, qui vous font prendre en dégoût le labeur, l'invention et la beauté. Ajoutez à cela des inquiétudes d'argent — et l'ennui, à la longue, que vous causent des privations qu'on acceptait de grand cœur pendant la guerre, mais qui n'ont plus leur raison d'être. Enfin, assez pleuré. Je tenais seulement à vous faire observer qu'il m'a été impossible de rien faire, depuis trois mois, et que je me remets lentement. Si donc j'arrive trop tard pour les *Feuillets d'Art*, mais que je sois satisfait de mon travail, je me consolerai.

J'ai eu entre les mains la dite revue, que m'a prêtée M. de Malherbe, éditeur d'art et propriétaire en ce patelin. C'est une belle chose, mais confuse de texte, et sans valeur en critique d'art. Je me désole que personne ne me déniche des *Gazettes des Beaux-Arts*. Ce n'est pas des *livres* coloniaux que je veux (ils ont toujours été chers et mal faits). J'ai écrit à Barthou pour qu'il me procure des noms, ou, si possible, des exemplaires de journaux et surtout de revues des colonies. Je caresse l'espoir qu'il m'en fait envoyer par l'Office colonial. Mais il m'a demandé un supplément d'information, que je vais lui donner. Je ne lui dirai pas, néanmoins, qu'il y a peut-être encor, dans cette boîte, un fonctionnaire d'aspect dreyfusard qui me déplaisait jadis. Une nuit de bar, je lui jetai à la tête un grog où je m'étais brûlé. Sa barbe dégouttante, et ses yeux d'où pleurait le rhum, le rendaient plus laid encore ; tandis qu'avec une mâle énergie et un coup de poing (sur la table), il s'écriait : « Eh bien, non ! je ne me battrai pas. » Il en garda le nom : baron Grog.

Je possède les *Compagnons du silence* (à la Rafette) et le *Bossu* (ici) avec les *Mystères de Londres*. Mais je ne puis avoir : *Chirac le Riche*, le *Quai de la Ferraille*, les *Trois Hommes rouges*, etc. Mon Noël ne vous ruinera pas : si vous avez l'occasion de passer chez Brown, envoyez moi le catalogue des acquisitions du Louvre depuis 1914 — and, please, don't wait Christmas. Peut-être y a-t-il d'autres petits catalogues (collections islamique, Delert, de Gléon) chez Hachette ou chez Brown. Si vous y pensez faites-moi envoyer par un de vos libraires le catalogue de Laurens, et s'il existe, de Flammarion. Ce ne sera pas une grande corvée. Mon neveu se moque de moi. Il ne m'écrit que pour avoir des lettres de recommandation. Est-ce qu'il veut les vendre à Charavay? Il m'a barboté des manuscrits qui me manquent — et il ne m'envoie jamais les catalogues que je lui demande.

Est-ce que vous connaissez Ravel? Il y a longtemps que j'ai envie de faire quelque chose avec lui, mais longtemps aussi que je ne l'ai vu. Je ne me rappelle pas si nous en avions parlé. Est-ce qu'*As you like it* lui chanterait, et à vous de lui en parler et de le lui prêter? Debussy n'en avait rien écrit à Saint-Jean-de-Luz, où il pensait s'entendre avec moi. Le livret lui plaisait, sauf le dernier acte, qui n'était point commencé, ne devant être que cortèges, danse noble, et pantomime.

Adieu, mon cher ami. Ne vous frappez pas pour mes désirs et projets. Rien de tout cela n'est pressé. Et pas de copie d'*As you like it*, s. v. p.

LETTRE LXXI

P.-J. Toulet à R. Philipon

De profundis scripsi, mon cher ami. Quatre mots afin de ne pas tarder davantage à vous envoyer mes souhaits amicaux de nouvel an — et respectueux pour Madame Philipon. J'ai une crise de dépression morale et physique, en fait d'étrennes. Elle m'a empêché de vous remercier des vôtres. J'ai été enchanté des *Camées* de l'*Illustration*. Et les catalogues sont très beaux. Mais laissez-moi vous dire qu'une telle dépense est d'autant plus excessive qu'elle ne porte pas sur les musées français, comme la collection Rotschild, ou que ce n'est pas, en quelque façon, un livre de voyage comme ce beau volume

d'art japonais. J'ai, pour l'heure, le dada des colonies,
que personne ne sait satisfaire. J'ai fait donner au
ministère du même nom. Mais au lieu d'ouvrages, de
statistiques et de revues, je n'ai eu que des réponses
stupides. Je continue à pleurer le *Tour du Monde*.
A qui m'adresser, Seigneur? Il y a bien un Office
colonial. Mais j'ai flanqué, un soir, mon grog trop
chaud à la déplaisante gueule du secrétaire de cette
boîte. Et, quoiqu'il ait, là-dessus, déclaré violem-
ment qu'il ne se battrait pas, j'ai peur qu'il me garde
rancune.

Yours.

LETTRE LXXII

P.-J. Toulet à R. Philipon

Je sens bien, cher ami, que vous êtes mécontent
des impolitesses que je vous ai dites au sujet des
catalogues, si beaux qu'ils soient, qui n'ont pas trait
à des musées de France, et des petites biographies
qui ne le sont pas de peintres français. Mais, en
vérité, j'étais de plus en plus mal à l'aise de vous
voir dépenser de grosses sommes à des livres dont
l'objet n'était, comme disent les portiers et les jour-
nalistes, pas adéquat. Ah, quand vous m'avez fait
présent du catalogue Rotschild, avec ses magnifiques gravures, et du livre sur le Japon, et des illustrations de l'ouvrage, d'ailleurs médiocre, de Geffroy, sur
le Louvre (objets d'art), je n'ai pas protesté, avouez-le,

quoique vous ne les eussiez sans doute pas payées
en peau de châtaignes.

C'est que la délicatesse de l'homme diminue beaucoup, si elle se doit exercer contre ses désirs. Est-il
possible, depuis que je vous en rabats les oreilles,
et vu ce que vous devez être coté chez les marchands d'esprit, beaucoup sans doute à cause de la
dépense que vous y faites, mais autant — au moins
chez quelques-uns — à proportion de vos connaissances — et par « connaissances » je n'entends pas
insinuer que vous jouissiez auprès des boniches, tel
un troubade — où, à l'instar de feu Caran d'Ache,
dans le sein (ce mot est au duel) des cuisinières
bien conservées de bonne maison, d'un prestige à
faire jaunir M. de Ténorio, — ce qui me fait penser à
une histoire que vous devez connaître, mais que j'ai
du plaisir à vous raconter, sur ce même Caran, qui
était à la tête, si on peut dire (et on le peut, car il
n'allait, paraît-il, pas plus loin dans le tour du pro-
priétaire) d'une enfant nommée Irène, et jolie comme
les amours, et qu'il faisait coucher avec une autre
petite dans deux lits jumeaux blancs, au milieu d'une
chambre blanche, à bibelots blancs, près d'un
cabinet blanc, à boiserie blanche, et on n'y buvait
que du lait. Irène était d'une très jolie qualité de

blond, mais moins de caractère, et Caran les trouva toutes deux en train de se crêper et de se bleuir, qui, sur ses observations, lui tombent dessus, lui cassent des miroirs sur le crâne, et lui arrachent la moitié des cheveux qui lui restaient. Sur quoi il prend la fuite, et va chercher refuge chez sa femme, dont il était séparé, tout en conservant des rapports d'amitié : « Ma chère amie, lui dit-il en s'épongeant, mon intérieur est un enfer ! »

... Possible, dis-je, que vous n'ayez jamais, chez les bouquinistes ou autres, trouvé nulle nouvelle d'une seule année de la *Gazette des Beaux-Arts.* Je crois qu'il serait bon de leur rafraîchir la mémoire, et vous meilleur encore, si vous y pensiez et leur donniez mon adresse. Et les Paul Févaux ? Sous prétexte que vous ne l'avez pas dans votre bibliothèque, il ne s'ensuit pas qu'il ne soit vendu par personne à l'état de neuf. N'est-ce pas Dentu qui fait ça ? Et c'est possible qu'il ait fait un rabais sur 3 fr. 50. Si vous y pensez... Quant aux Colonies, de même qu'il y a une Société ou Union coloniale, il y a une librairie. On dirait que les gens sont dégoûtés de vendre, à voir les efforts qu'ils opposent à l'audacieux qui veut acheter.

Avez-vous des Willie Collins ? Vous seriez un

ange de m'en prêter, sauf *No Name*, et surtout la *Femme en blanc.*

Vous me m'aviez jamais répondu pour les vers aux *Feuillets d'art.* Voulez-vous que je recopie, pour votre collection personnelle, les chansons de Shakespeare que j'ai traduites ou inventées? Il est vrai qu'il y en a que vous avez et que je n'ai pas. C'est une vingtaine de vers que vous seriez gentil de recopier pour moi (chœurs des forestiers, etc.). Pour la nouvelle chinoise que j'avais commencée, je suis tombé dans un cul-de-sac. Je n'ai le courage ni de m'en tirer par une autre voie, ni de plaquer la nouvelle et d'en commencer une autre.

Ouf, quelle épistole! Je n'ai pas le courage à vous parler de notre gagerie politique. Mais je sens — et c'est réconfortant — que le réveil économique ne tardera pas, dès que nous aurons des wagons et du charbon. Et cette coquinerie de domestiques anglo-saxons que nous appelons nos ministres, allons-nous enfin en être débarrassés ? Il a fallu que ce Des-chanel — un nom de morue — que j'avais toujours instinctivement méprisé, vienne à son tour sacrifier la France à ses ridicules ambitions. Ce mannequin de la Belle-Jardinière, en temps ordinaire, son élec-tion m'eût été indifférente, mais tout le monde com-

prend que, sous peine de la plus grossière ingratitude, nous avons des devoirs ailleurs, et qui se
trouvaient remplis par le poste de Président. Et il
faut que ce greluchon hors d'âge vienne se mettre
dans nos roues! Je crois qu'il est temps de réclamer
en haut : *gesta Francorum per Deum.*

Votre dévoué.

LETTRE LXXIII

R. Philipon à P.-J. Toulet

Mais non, mon cher ami, je ne suis fâché aucunement contre vous. Contre moi-même, peut-être,
d'avoir si maladroitement opéré. Mais vous ne sem-
blez pas être très persuadé des difficultés inouïes
qu'on éprouve à se procurer les choses, des impossi-
bilités en bien des cas serait une expression plus
exacte. Pas plus de Féval que de Févaux dans ma
petite librairie, ni chez les bouquinistes : pourtant je
reçois en moyenne deux catalogues chaque jour ; je
n'ai vu qu'un seul Féval depuis que vous en demandez. J'ai télégraphié sans perdre un instant, mais
c'était encore trop tard. Pas non plus de *Gazettes,*
dépareillées ni complètes.

J'ai tardé à vous répondre, ayant profité de ce
printemps trompeur pour aller à Vertcœur, où j'ai

mis la main sur votre manuscrit d'*As you like it* que j'ai rapporté. Voici recopiées les chansons. Demain le manuscrit va chez le relieur. Ne vous leurrez pas de placer des vers aux *Feuillets d'Art*. Il y a quatre mois, la copie était rare et on désirait un conte ; maintenant la place est prise, et s'introduire dans la place est chose que je ne tenterai plus. Vous connaissez votre mythologie et la coiffure de Dame Occasion. Elle revient rarement sur ses pas, la coureuse.

On a rouvert nombre de salles, au palais du Louvre ; peu de modifications, et généralement heureuses, sauf au Salon Carré, auquel je ne puis m'accoutumer. La grande galerie est fort bien disposée ; dans celle des primitifs italiens, le *Couronnement de la Vierge* a remplacé le grand Giotto sur le panneau du fond. Les longueurs des murs sont coupées de distance en distance par des pylônes de marbre, — des fûts de colonne de 3 mètres de haut environ — surmontés de vases ou de petits bustes. C'est vraiment bien. Le jour de l'inauguration était réservé aux Amis du Louvre et de Versailles. Je suis de ces derniers, et ceci m'a permis de jouir bien à l'aise de ces beautés retrouvées. Hier, mercredi, c'était une cohue sans nom de badauds qui ne regardaient rien du tout et qui se baladaient le nez en l'air, comme les dimanches dans les rues.

Copeau inaugure sa petite salle le 10 février, par une représentation du *Conte d'Hiver*. Exceptionnellement je sortirai ce soir-là, ayant retenu des places en sortant du Louvre. Je vous donnerai mon sentiment dès le lendemain. Sur la fin de février, on joue la *Diane du Bois*, de Banville, chez Madame de Béarn, musique de mon ami Breteuil. Je vous en parlerai aussi, dès que j'aurai assisté aux premières répétitions. ·

La grève des brocheurs est finie depuis hier, et quelques livres vont sortir maintenant. Peut-être les revues coloniales vont-elles reparaître, mais je suis si peu compétent en ces matières et si maladroit en toutes choses, que ma bonne volonté est insuffisante.

Je vous ai dit que nous jouissions d'une température inespérée et bien dangereuse : tous les bourgeons sortent ; les pauvres auront certainement le nez gelé quand l'inévitable froidure se fera tardivement sentir. Mais elle ne refroidira pas mon affection pour vous, toujours constante, toujours fidèle.

A vous.

P. S. J'ai mis la main sur un nid de Févaux, tout neufs; j'ai pris le lot, dont voici le détail. Choisissez et je vous enverrai ce que vous désirez.

Dans un autre ordre d'idée, vous ne serez pas fâché d'apprendre qu'une revue sur la Syrie, très belle, et du prix de 50 francs par an, se prépare chez Paul Geuthner, 13, rue Jacob.

Mais je pense que vous serez contristé de savoir que j'ai la grippe, que ma femme l'a aussi, et que je ne puis pas sortir du tout, et que la représentation du *Conte d'Hiver* se passera sans que nous y assistions. Je me faisais une fête de cette soirée, et suis fort marri à la pensée de la manquer.

La fatigue me tire la plume des doigts, mon amitié vous reste.

LETTRE LXXIV

P.-J. Toulet à R. Philipon

Guéthary, le 7 février 1920.

Cher ami, le ton de votre lettre me rassure sur la qualité de votre double grippe : elle n'est pas léthargique. Je ne suis pas en général très peureux de maladie, mais celle-ci m'était antipathique : chaque fois que j'étais pris de somnolence — ce qui m'arrive aux heures les plus anormales — je me demandais : vais-je me réveiller ?

2° Ce spectacle est donc si prochain que vous ne puissiez vous promettre d'y aller ?

3° Vous ne m'avez jamais répondu au sujet de Ravel, et de la musique que je voudrais faire faire sur mon adaptation d'*As you like it.*

4° Ni ne m'avez envoyé les vers que je voulais
(chœurs de forestiers et de chasseurs), que Debussy
trouvait bons. Au lieu de ça, vous avez recopié de
pâles (si je puis dire) cochonneries, que j'ai heureusement changées depuis, et dont je vous enverrai la
seconde version.

5° Connaissez-vous Clément de Swiecinski ?
C'est un docteur polonais et surtout un sculpteur.
Il doit exposer rue Royale en juin, je crois, ou mai,
chez Brunner. Ne manquez pas d'aller voir ça, et
de me dire ce que vous en pensez. Il a beaucoup
de jus.

6° Quant aux Févaux, je vous recommande, en
cas d'ignorance, *le Chevalier de Kéramour*, un
petit chef-d'œuvre, (quelques pages de pleine verve
sur les puces de Fougère), et *l'Homme du Gaz*, qui
est d'une divination étonnante et pourrait être de
1912. Il y a aussi quelques machins qui ont l'air
d'avoir été écrits par un bedeau avec de l'encre à
l'eau bénite. La conversion de Féval ne fut d'ailleurs qu'une spéculation de librairie pour tirer une
seconde mouture de livres qui étaient tout aussi
religieux que ceux-ci, qu'on s'est contenté de rac-
courcir, ne pouvant les hongrer. Au moins je suppose
que ce que vous avez, c'est la prime du dictionnaire

Larousse, exemplaires cartonnés. Je ne sais pas ce que c'est que l'*Oncle Louis*, que je voudrais, si ce n'est pas une de ces rhapsodies édifiantes telles que *Jésuites* ou *Pas de Divorce*. Ces choses-là me font l'effet de certains livres monarchistes qui me donnent envie de crier : Vive la République.

Je voudrais donc — et vous ferez les envois comme vous voudrez — *Compagnons du Silence*, et *Coriolani*, l'*Oncle Louis*, si..... comme ci-dessus, la *Cavalière*, la *Belle Etoile*, la *Chasse du Roi*, le *Mendiant noir*, la *Reine des Epées*, la *Quittance de Minuit*, (si ce ne sont pas des nouvelles.)

Cette revue de Syrie me conviendra bien. L'achèterez-vous ?

Adieu. Je ne me sens pas bien aujourd'huy.

LETTRE LXXV

P.-J. Toulet à R. Philipon

Guéthary, 4 mars 1920.

Deux mots, cher ami, pour avoir de vos nouvelles. Les miennes ne furent pas bonnes, puis vint la grève. Merci aussi pour les Paul Févaux. Port-Porati et tous ces laquais napolitains m'ont un peu déçu. Mais, en vérité, Féval est « un type dans mon genre ». Il méprise tous les étrangers. O marchande de légumes athéniens, tu dois être une grand'tante à moi.

Quels Paul Févaux voulez-vous particulièrement que je vous renvoie? Pas la *Cavalière* : je l'aime assez. Cette offre ne fait voir aucune délicatesse : c'est pour en avoir d'autres. Vous avez été heureux pour Féval. Puissiez-vous l'être enfin pour les

Gazettes des Beaux-Arts 1886-1909 inclusivement.

Avez-vous reçu la *jeune Fille verte* ? ou bien, comme je me trouve avoir des exemplaires de luxe, je vous en ferai tenir un. Blanc ou vert? Et qu'est-ce que ça peut être que ces volumes verts — avec étui blanc ! mon cher !!!

..... O Sol
Pulcher, ô laudande !

Heureux jour où cette invention, comme un trait de flamme, traversa la matière grise d'un éditeur munichois. J'ai envie de faire un volume avec mon *As you like it* et le *Souper interrompu.* Qu'en pensez-vous ?

LETTRE LXXVI

P.-J. Toulet à R. Philipon

Guéthary, 22 mars 1920.

Cher Ami, que signifie ce silence ? J'espère que vous n'êtes pas souffrant. Je sors de l'être, de congestions qui me donnaient des maux de tête et m'embrouillaient le ciboulot. Au moins avez-vous reçu la *jeune Fille verte* ? (Vous étiez sur la liste.) Sinon, réclamez-la à Emile-Paul. Avez-vous l'impression qu'elle aura quelques lecteurs ? En avez-vous entendu parler ? Abel Hermant a dû faire paraître dans le *Figaro* un article, ou un filet sur moi. L'avez-vous aperçu ? Moi pas, et je le voudrais bien. Si vous pouviez me l'envoyer.....

Décidément je vais à Paris fin avril, ou au début de mai. Ma femme continuera jusqu'en Alsace, où

j'irai la rejoindre après un séjour que bornera la
légèreté de ma bourse, et nous passerons quelques
jours à Paris, en repassant. J'espère que vous la
viendrez saluer, étant des happy few qui lui ins-
pirent confiance. Je pense profiter de l'hospitalité
Emile-Paul, et passer quelques jours chez Madame
de Béarn. Je serais content de connaître Vertcœur,
mais vous beaucoup plus encore.

Vraiment, vous ne voulez pas les *Compagnons
du Silence*, ni *Coriolani*. Je voudrais vous les
envoyer, pour que vous m'en prêtiez d'autres. Avez-
vous les *Habits noirs* — et les *Trois Hommes rouges*,
et *Chisac le riche*, et le *Quai de la Ferraille* ?

Je voudrais bien que vous fussiez ici, pour me dire
votre avis sur mon habit le moins défraîchi. Je le
trouve affreux. Ma femme soutient qu'il me va comme
un gant. Mais il y a des gants qui vont si mal. Ne
pourriez-vous pas m'en vendre un, des avant-der-
niers ? J'irai jusqu'à 7,50. Nous devons être analo-
giquement bâtis. Et jusqu'à 10,25 avec le smoking et
un joli gilet. Allons, un bon mouvement.

Je vous ferai envoyer un carton pour l'exposition
de sculpture de Clément de Swiecinski, Polonais
plein de talent et de bizarrerie. Pas trop mauvais
article dans *Lectures pour tous* sur Bartholomé. Les

illustrations n'ont pas désaltéré ma curiosité. Avez-vous un magazine ou des photos ? Si vous passez devant Sch..., entrez et demandez à voir Ugana's Famous Casthes of Japan, album d'un vif intérêt (50 fr.), je crois que c'est le prix de neuf chez Galignani. Mais peut-être est-il épuisé. Je voudrais savoir si l'exemplaire Sch... est en *bon état*, et je vous autorise à l'acheter pour vous, si vous l'ignorez et qu'il vous plaise. Peut-être Sch.... en a-t-il plusieurs. En tout cas, ne vous gênez pas. Il n'est point sûr que je puisse le prendre, vu son prix. Il faudrait que je pusse caser un morceau supplémentaire à l'*Opinion* ou ailleurs.

Votre ami.

LETTRE LXXVII

R. Philipon à P.-J. Toulet

27 mars 1920.

Cher ami,

J'ai bien reçu la *jeune Fille verte*, qu'Emile-
Paul m'a fait tenir de votre part, ce qui m'a fait le
plus vif plaisir. Recevez mes meilleurs mercis, que
j'aurai tant de plaisir à renouveler de vive voix et
prochainement, je l'espère. La *jeune Fille verte* est
appelée à faire bellement son chemin dans le monde.
Récemment, dans la boutique de la place Beauvau,
j'entendis un officier inconnu faire sur ce roman les
réflexions les plus louangeuses — disons les mieux
méritées — pour être vrai.

Donc nous serons enchantés de vous connaître enfin, et, si nous sommes à Vertcœur lors d'un de vos passages à Paris, que vous veuillez bien y faire un coude. Si nous n'y sommes pas, nous irons ensemble y passer une journée, au cas où la chose vous paraîtrait faisable et vous conviendrait. Car nous sommes dans une perplexité extrême relativement à nos projets d'été. La question véhicule a été résolue par une révision assez prompte de notre automobile et l'achat d'un poney, l'un et l'autre à prix fabuleux pour un qui ne fut point et n'est pas fournisseur de quoi que ce soit qui se digère ou couvre la nudité des hommes.

Mais la question du chauffage du fourneau de cuisine subsiste entière, car nous n'avons plus un atome de charbon dans la cave et la cuisinière prétend ne rien savoir faire au bois. D'autre part un domestique masculin est indispensable, et autant l'école que nous fîmes nous-mêmes l'été passé que celles faites par nos relations, nous font remettre cet ennui à plus tard. Voilà pourquoi nous ne savons pas du tout quand nous irons planter notre tente à la campagne.

Votre lettre arriva hier au soir, et, dès aujourd'hui, je courus chez Sch...; mais le livre était déjà vendu.

On annonce bon nombre de livres à paraître,

mais la grève des typographes n'est pas encore terminée, quoi qu'on en dise, et tout s'en trouve retardé.

A bientôt. Je vais enfin vous connaître. En attendant, croyez à mon amitié la plus sincère.

Vôtre.

LETTRE LXXVIII

R. Philipon à P.-J. Toulet

7 mai 1920.

Cher Ami,

Que votre silence n'ait point la même cause que le mien! Une crise cardiaque manqua de m'emporter il y a 3 semaines, dans le train entre Saint-Germain et Paris, alors que je rentrais fort paisiblement de voir Maurice Denis. Je me lève à peine, assez amoché, et centenaire quasi. Les médecins assurent que c'est la faute du pain infect qu'on donne à Paris, tout mélangé d'ivraie et autres poisons, qui agissent sur la circulation. C'est charmant! On m'a amené à la campagne où je vous attends, si vous me faites la grâce de m'y venir voir. Nous y sommes jusqu'au 18 juin, mais ne sommes point libres durant les fêtes de Pentecôte.

Naturellement je fus plutôt insensible à la « belleza del mondo », pendant tout ce temps, et à toutes les productions de la nature et de l'art. Les livres se sont accumulés sur un coin de table, et je n'ai pu que couper les feuillets.

La moitié de la maison doit rester fermée, à cause du manque de personnel, et le jardin que j'aime souffre aussi de la pénurie de main-d'œuvre.

Si vous avez la pensée charitable de m'écrire, du moins annoncez votre arrivée, tant de fois postponed. Nous campons, vous camperez avec nous, et voilà tout.

J'ai tout de même lu, dans les *Ecrits nouveaux*, votre hommage à Moréas. De tout ce qui fut écrit à la mémoire de ce poète, votre louange fut la meilleure, et m'a plu infiniment.

Que votre bienveillance pardonne ce griffonnage, et que votre amitié reçoive ici l'assurance de la mienne.

LETTRE LXXIX

P.-J. Toulet à R. Philipon

Guéthary, 14 mai 1920.

Cher ami, j'aimais mieux accuser votre amitié que votre santé — et j'avais tort malheureusement. Nous étions deux à ce jeu, et je traverse une crise de non vouloir que rien ne fait espérer qui passera. Vous voyez où en est mon voyage à Paris. La politique contribue à me rendre malade, l'extérieure surtout. Ne m'en parlez plus, je vous prie.

Je m'ennuie, ce qui est très rare. — Je ne puis ni travailler, ni lire quoi que ce soit de sérieux. Je connais tous mes catalogues, ou les vôtres, plutôt. N'en paraît-il donc aucun ? J'ai fini tous les Paul Févaux. Je ne sais où me procurer le premier volume ni des *Habits noirs,* ni de *M. Cœur* (Roland ?).

Adieu, et merci de votre bonne lettre. Quand connaîtrai-je Vertcœur ?

LETTRE LXXX

R. Philipon à P.-J. Toulet

1er *juin* 1920.

Mon cher ami, on désespère alors qu'on espère toujours. Votre venue ici, tant de fois ajournée, si elle ne se fait pas ces jours tout proches, devra être remise encore, car nous allons partir en Corse, où nous appellent des souvenirs de famille et la beauté de lieux aimés. La Faculté pense me rétablir, par le moyen de ce voyage, de l'atout dont je me ressens encore. Je me soigne en cette vue, et les longues heures de repos obligatoire sont consacrées à la lecture. Il ne paraît rien de beau présentement, le papier, rare et cher, est consacré aux productions les plus lamentables. Une œuvre pourtant, et qui mérite couronne, se montre par fragments dans les revues : Les *Trois Miracles de Sainte Cécile* d'Henri Ghéon sont un triptyque fameux. Le poète nous a fait lecture ici, l'autre jour, des parties inédites qui nous ont permis de connaître l'ensemble. Nous ne louerons jamais assez un pareil drame.

Un directeur de théâtre courageux a monté, de ce même poète, La *Farce du Pendu dépendu*, laquelle a occasionné des pugilats dans la salle, la canaille des critiques judéo-boches ayant voulu exterminer les autres, lesquels ne se sont pas laissés abattre. Dubech, dans l'*Action Française* du 30 mai, parle de cette pièce dans les termes et le sens qui conviennent.

On m'a dit si grand bien du nouveau livre de Claude Anet, *Ariane*, que je vous envoie ce roman, dont je conserve un exemplaire ici pour le lire plus tard. Vous pourrez donc garder le vôtre.

Tâchez de me passer de vos nouvelles.

A vous.

P. S. J'oubliais de vous transmettre mille souvenirs aimables de Valéry, vu récemment, et désolé de vous savoir souffrant encore.

LETTRE LXXXI

P.-J. Toulet à R. Philipon

Guéthary, 11 juin 1920.

Cher ami, je recommençais à être inquiet quand j'ai reçu votre lettre — et ce livre de Claude Anet, qui est un homme d'esprit, mais du plus hostile à nos sentiments.....

J'espère toujours aller à Paris, mais en septembre-octobre. Et j'irais bien en Corse aussi, si vous m'indiquiez dans un village de vos environs des conditions nous permettant de vivre à bon marché.

Il y a une jolie petite édition à « la Sirène » de *Gaspard de la Nuit*. Vous devriez la voir. Pour moi, ça m'ennuie de payer un louis. Je m'en vais tâcher d'avoir une diminution. Adieu, ma femme trépigne dans le jardin.

LETTRE LXXXII

R. Philipon à P.-J. Toulet

13 juin 1920.

Mon cher ami,

Je n'étais pas moins inquiet à votre sujet, que vous témoignez l'avoir été au mien, dans votre aimable mot qui me rassure ce matin. Le regret que j'éprouvais à ne point vous voir arriver dans nos parages s'atténue à la pensée que votre voyage n'est qu'ajourné, et que nos projets sont de rester précisément à Vertcœur en septembre et octobre..... sauf une de ces affaires contingentes et imprévues comme il en tombe à un jour où l'on ne s'y attend pas du tout.

Vous recevrez *Gaspard de la Nuit* pour la Saint-Jean d'été, et qui vous sera expédié dans deux ou trois jours. Nous pensons aller à Paris pour connaître la traduction de l'*Antoine et Cléopâtre*, faite par Gide, et réalisée sur la scène de l'Opéra, avec musique de Florent Schmitt — entre nous le plus grand ressasseur de petites idées qui soit au monde, musicalement parlant —. Quand il trouve un motif, ce qui lui arrive souvent, et même bien, il le délaye et le sert à toutes les sauces, jusqu'à écœurement.

Lundi dernier, nous avons eu joie à entendre la *Légende de saint Christophe*, magnifiquement réalisée. Ce fut un succès immense, bien français et qui navra la critique judéo-métèque. Après la grande symphonie du deuxième acte, la salle entière, debout, acclama le noble maître, qui dut paraître sept fois sur le devant de sa loge. Quand j'allai lui exprimer notre émoi, je pressai une main toute tremblante, de même que la voix, et son visage était très pâle. Ah! la belle musique, sans défaillance, sans compromission. Les décors sont incomparables.

Tâchez de m'écrire plus longuement, et de me tenir au courant de vos travaux. Je ne vois rien sous votre signature ces temps-ci.

Je suis abonné à la *Revue Universelle* et, si vous le désirez, je puis vous l'envoyer en communication, à condition que vous me la retourniez très exacte-ment après lecture.

A vous.

————

LETTRE LXXXIII

R. Philipon à P.-J. Toulet

18 juin 1920.

Cher Ami,

Hier matin j'allai visiter la magnifique exposition
Swiecinski. Une heure plus tard, j'y retournais pour
rencontrer le sculpteur lui-même, lui dire tout le
bien que je pensais de son œuvre, et entendre parler
de vous. Il a pour votre personne une affection, une
estime et une admiration profondes, qui m'ont ému
et m'ont fait un bien grand plaisir. Il m'a demandé
de vous écrire mon sentiment sur son exposition, et
moi je l'ai prié, quand il vous reverrait, de vous
parler de ma personne. En fait, Swiecinski est un
artiste d'une haute inspiration et d'un talent très sûr.
Mais la nature même de ses œuvres, leur élévation,

celle aussi des prix qu'il demande, ne cadreront guère, du moins je le crains, avec la nature intime des nouveaux riches, seuls capables, financièrement parlant, d'acquérir ces choses. Je me suis permis de lui dire ceci, pour la naissante et véridique sympathie qu'il m'a inspiré dès le premier croisement de regards. Et puis cette critique judéo-métèque qui cherche à dominer l'opinion, et déjà exaspérée par certains succès récents d'artistes catholiques et français, est muette jusqu'à présent sur Swiecinski. Arsène Alexandre seul a consacré une quarantaine de lignes à cette exposition.

Antoine et Cléopâtre est fort mal à l'Opéra, de toute manière ; il ne demeure que la prose de Gide et les toilettes riches et merveilleuses d'Ida Rubeinstein.

Le *Divan* vous a consacré un article plein de bonnes intentions, mais la syntaxe usitée par l'auteur, y compris celle de la première phrase, m'a, pour le moins, surpris. Vous méritiez autre chose.

Je vous envoie le n° 6 de la *Revue Universelle* ; lisez et dites moi si vous désirez que je vous la communique régulièrement.

Nous partons lundi pour Tarascon, et jeudi pour Ajaccio, où nous passerons seulement 2 jours à l'hôtel de France. Ensuite nous changerons de garnison chaque matin, et notre courrier aura grande chance de s'égarer. Nous pensons rentrer par Grenoble, La Salette et Chambéry, passant dans chaque lieu à peine quelques heures.

A vous.

———

LETTRE LXXXIV

P.-J. Toulet à R. Philipon

Guéthary, 25 juillet 1920.

Deux mots seulement, cher ami, autant que m'en permet ma pauvre tête. Vous avez deviné, je pense, que ce long silence était un bulletin de santé. J'ai été assez malade un long mois durant, et depuis, j'ai repris mon train de montagnes russes — sauf que les bas sont plus longs que les hauts. Je ne vous ai donc pas remercié de vos livres, dont le catalogue a fait ma joie — et le *Gaspard de la Nuit,* votre cadeau pour ma fête. Il est charmant. Je vous renvoie la *Revue.* Si vous passez au Louvre, ou quelque part où ça se vende, soyez assez gentil pour m'envoyer le catalogue de la collection Schlichting. — Pas de nouvelles encore de mes *Gazettes des Beaux-Arts*.

D'autre part, Swiecinski m'est arrivé ravi de votre connaissance. Il prétend que nous sommes le portrait l'un de l'autre. Cela est bien gentil pour moi, et je ne sais comment vous dire en même temps que je ne vous félicite pas.

Adieu.

LETTRE LXXXV

R. Philipon à P.-J. Toulet

10 août 1920.

Mon cher ami,

Tous les émois ressentis pendant la maladie de ma
femme, — qui est tirée d'affaire — m'ont occasionné
une petite crise cardiaque, de laquelle je suis hors
tout juste. C'est pourquoi je n'ai pas répondu de suite
à votre petite missive, qui me fit un bien grand plaisir
lorsque je la reçus. J'étais tellement déprimé que je
n'avais nul goût, même à lire. Pourtant divers livres
se sont accumulés sur le coin de mon bureau : un
nouveau Rabindranath Tagore, un Claudel, un Gide,
le premier fascicule de la revue *Syria* (que je puis
seulement vous prêter, si vous la désirez) un gros
bouquin très bien fait et très illustré sur les civilisa-

tions préhellénistes. Bref un joli lot, sur lequel je me jetterai après le départ d'aimables hôtes venus pour passer le mois d'août.

J'ai pu aller à Paris vendredi dernier et j'en ai profité pour visiter l'exposition organisée au Petit Palais avec un goût très sûr : il y a des choses admirables et fort bien disposées. Absence complète de catalogue. Du reste les catalogues manquent presque partout, celui de la collection Schlichting est encore dans les limbes, sans cela il serait déjà à Guéthary, car vous savez que je ne vous oublie pas.

Les événements politiques extérieurs m'alarment : les gens de Paris semblent graves, et sont, en réalité — surtout en ce qui concerne les combattants — fort irrités contre les gens qui ont gâché la situation inespérée créée pour la France par la victoire, et nous ont ainsi acculés à une impasse redoutable. L'Allemagne ne se trouve vraiment pas mal de sa saison à Spa. J'exhale ainsi mon ire, pensant que vous la comprendrez et la partagerez.

Si vous désirez pour votre fête de la Saint-Jean d'hiver un exemplaire des *Civilisations préhelléniques*, je tâcherai de vous l'avoir, si du moins, il y en a encore chez l'éditeur.

A vous.

LETTRE LXXXVI

P.-J. Toulet à R. Philipon

Le jour de l'Assomption, 15 août 1920.
Guéthary.

Cher Ami, touchez du bois, j'espère que Madame
Philipon est définitivement remise — mais pour
vous et moi, je crains que compter vivre sans
rechutes serait un espoir futile. — Contentons-nous
des biens et des répits que Dieu nous accorde.

J'ai une envie folle de voir ce numéro de *Revue
Syrienne*. Envoyez-le moi, vite, je vous en supplie,
et je vous le rapporterai avec l'autre fascicule que
j'ai décidément préféré de conserver jusque-là. Car
je pense toujours — avec l'aide de la Providence —
être à Paris vers le 15 de septembre, et vous voir

enfin, comme aussi de vérifier cette fameuse ressemblance. — Vous ai-je dit que les *Contrerimes* devaient paraître le mois prochain. Clément de Swiecinscki, qui nourrit toujours de vous l'opinion la plus flatteuse, a fait ici une Jeanne d'Arc, un chef-d'œuvre.

A vous.

TABLE DES MATIÈRES

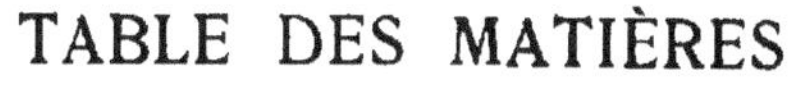

TABLE

Deux portraits en Frontispice.

Préface de l'éditeur   I

Correspondance de P.-J. Toulet et de René Philipon.   1

ACHEVÉ D'IMPRIMER
LE 25 SEPTEMBRE DE L'AN 1922
SUR LES PRESSES DE L'IMPRIMERIE ALENÇONNAISE
11, RUE DES MARCHERIES
ALENÇON (ORNE)
POUR LES ÉDITIONS DU « DIVAN »
37, RUE BONAPARTE, PARIS